Persia
Mare Indicum.

LES PIRATES

Textes de Dominique Joly
Illustrations de Nicolas Duffaut

Tourbillon

Conforme à la loi n°49956 du 16 juillet 1949
sur les publications destinées à la jeunesse.
ISBN 13 : 978-2-84801-429-6
Dépôt légal : novembre 2008
Imprimé en Italie

Profession pirate

Depuis toujours, les pirates font trembler les marins qui sillonnent les mers pour mener à bon port leur cargaison. Mais que faire contre ces canailles, prêtes aux pires violences pour les rançonner et piller leurs marchandises ? Rome, Byzance, Gênes, Venise doivent largement leur prospérité au commerce maritime. Ces grandes puissances méditerranéennes tentent, tour à tour, d'éliminer le danger. Elles lancent leurs bateaux de guerre aux trousses des pirates, ratissent les îles, négocient avec les plus fortes têtes le rachat d'une nouvelle vie rangée, ou infligent la condamnation à mort. Rien n'y fait ! Dès que des richesses circulent, les pirates sont là, en embuscade. Impossible de s'en débarrasser !

À partir du XVIe siècle, les grandes découvertes propulsent la piraterie dans un âge d'or. Les nouvelles terres, les immenses océans dont on n'a pas encore exploré les limites lui offrent un champ d'action bien plus vaste. Ces horizons nouveaux poussent les voleurs de tout poil à tenter l'aventure plus loin, dans l'océan Atlantique. Le Nouveau Monde ou les Amériques excitent les appétits. Quand les conquérants espagnols rapportent en Europe des montagnes d'or et d'argent, c'est la ruée !

Des États comme la France, l'Angleterre ou la Hollande, mécontents d'être exclus du partage des terres d'Amérique entre l'Espagne et le Portugal, se vengent en armant des navires.

Ils recrutent des corsaires ou des flibustiers chargés d'intercepter une partie du butin du Nouveau Monde. En toute légalité puisque ceux-ci sont munis d'autorisations qui leur donnent le droit de commettre des actes de piraterie ! Dans leur sillage, se bouscule la foule des forbans, des mauvais garçons saisis par la fièvre de l'or. Ils agissent pour leur propre compte et s'attaquent à tout navire qui croise leur route pourvu que ses cales soient pleines ! Corsaires, flibustiers ou pirates, tous font le même rêve : attaquer un jour un vaisseau espagnol bourré de métaux précieux en route vers l'Espagne. Entre le XVIe et le XVIIIe siècle, la mer des Caraïbes est le principal théâtre d'opérations de la piraterie. Là, dans cette mer turquoise, parsemée de milliers d'îlots presque déserts, les coquins guettent, prêts à s'élancer sur leurs proies, à tenter le plus spectaculaire coup d'éclat. Au début du XVIIIe siècle, les États européens s'entendent pour leur mener une chasse impitoyable. Les pirates délaissent les Caraïbes et sévissent plus au Nord : le long des côtes américaines et surtout dans les Bahamas, une région comptant elle aussi de nombreuses îles, des abris hors de toute surveillance. D'autres choisissent de sévir bien plus loin : dans l'océan Indien, aux abords de Madagascar, où les navires de commerce revenant d'Extrême-Orient offrent la promesse de belles prises. C'est dans tous ces lieux paradisiaques bercés par le souffle tiède de la brise marine, que s'illustrent des personnages hors du commun : tous des fripons capables des plus folles audaces et souvent d'effroyables têtes brûlées, ivres de fureur et de liberté.

DANS LA MER DES CARAÏBES

Pierre le Grand
HÉROS D'UN JOUR

Tel un diable sorti de sa boîte, il surgit dans la mer des Caraïbes, un jour de juin 1635. Que fait-il si loin de Dieppe, son port d'attache ? Il espère profiter d'un heureux hasard qui mettrait sur sa route un navire espagnol rempli de richesses, car il croit en sa chance…
Au début du XVIIe siècle, les flibustiers*, ces pirates munis d'autorisations*, pullulent. Français, Anglais ou Hollandais se tiennent en embuscade, prêts à fondre sur n'importe quelle embarcation où flotte le pavillon espagnol de sa Majesté catholique.
Voilà des mois que le capitaine Pierre (son nom est inconnu) et ses vingt-huit hommes écument, avec patience, l'onde bleue de la mer tropicale. À bord d'un mauvais lougre*, ils ont déjà enduré de longues souffrances. Pendant deux semaines, un calme plat a immobilisé l'embarcation sur une eau aussi tranquille qu'un lac. À mesure que les réserves de nourriture

* UN FLIBUSTIER : aventurier qui écume la mer des Caraïbes aux XVIIe et XIIIe siècles et qui attaque principalement les navires espagnols. Parfois, il reçoit une autorisation du gouverneur qui lui donne le droit d'agir lors d'une prise d'un navire ou d'une expédition de terre ferme.

* UNE AUTORISATION OU LETTRE DE MARQUE : donnée par le roi ou son représentant (gouverneur d'une colonie), elle autorise le corsaire, en temps de guerre, ou le flibustier à commettre des actes de piraterie en toute légalité.

* UN LOUGRE : sorte de bateau à fond plat qui permet d'approcher les côtes.

et d'eau douce ont fondu, la tension est montée.
Quel soulagement lorsque le ciel a roulé les premiers nuages annonciateurs de pluie et de vent !
Mais l'équipage ne se réjouit que peu de temps.
Une première rafale entraîne le navire contre un récif, qu'il évite de justesse. Quant aux suivantes, toutes aussi terribles, elles sont d'une violence inouïe, formant des creux de vagues énormes qui se fracassent pendant des heures contre la coque. La nuit dernière, la tempête qui s'est levée à l'ouest de Saint-Domingue les a encore bien malmenés. Le navire fait maintenant eau de toutes parts et s'enfonce dangereusement.
– Écopez ferme ! Écopez les gars ! Il en va cette fois de notre vie ! hurle le capitaine qui a du mal à cacher son inquiétude.
Sa voix, à cet instant, est couverte par celle de l'homme de vigie qui, du haut de la hune, crie de toutes ses forces :
– Voile à tribord ! Grosse bête en vue !
Aussitôt, tous les marins, le nez au fond du bateau, se relèvent et sont pris de vertige devant les dimensions gigantesques du bâtiment qui croise leur route.
– Grand diable, un gros galion espagnol ! grogne l'un d'entre eux. Il a bien une cinquantaine de canons.

Mais un seul suffirait à nous envoyer au fond de la mer !
– Mes gaillards, déclare le capitaine, froid et souriant, préparez-vous à l'abordage !
Puis il donne l'ordre de virer de bord pour faire voile vers le monstre flottant. Pendant qu'ils avancent droit sur lui, Pierre rassure son équipage, fait miroiter l'affaire juteuse et détaille son plan :
– L'effet de surprise, voilà notre plus grand atout ! Qui peut penser qu'une poignée d'hommes sur une coquille de noix oserait se lancer à l'attaque ? Vous grimperez dans le plus grand silence. Vous vous organiserez pour sauter, les uns sur le capitaine, les autres dans le magasin d'armes. En un tour de main, tout sera réglé !
La peur au ventre, les marins s'exécutent. Ils glissent leur pistolet dans leur ceinture, serrent leur coutelas entre leur dents en attendant l'ordre ultime.

Tout près de là, les quelques matelots espagnols qui sont de veille voient bien la barcasse s'approcher de plus en plus près de la haute coque ventrue de leur vaisseau. Mais, ils continuent paisiblement à jouer aux dés…
L'un d'eux, légèrement troublé, lance à Pierre, posté bien droit à la proue de son embarcation :
– Que voulez-vous ?

L'effet de surprise, voilà notre plus grand atout.

* UN GALION : navire de commerce espagnol, qui fait la liaison entre l'Espagne et ses colonies du Nouveau Monde.

Pour toute réponse, les Français plantent leurs haches dans les flancs du galion* pour l'escalader. Au même moment, leur barque est en train de couler, sabordée volontairement par Pierre qui veut couper court à tout espoir de fuite.

Sans un bruit, sans un geste de trop, l'affaire est rondement menée. Quelques minutes plus tard, le capitaine espagnol, menacé par un pistolet braqué sur la gorge, est fait prisonnier, et ses marins ont jeté leurs armes. Incrédules, ils s'interrogent du regard :

– Comment donc ces diables tombés du ciel ont-ils pu réussir un tel coup d'audace ?

Pierre est satisfait. Il l'est bien plus encore quand il apprend que le bateau qu'il vient de capturer est le vice-amiral des galions d'Espagne. Un navire armé de cinquante-quatre pièces de canons et rempli de vivres et de richesses immenses. Des lingots d'or, des barres d'argent… « Une belle prise, assurément. De quoi faire vivre très largement nos vingt-huit pirates jusqu'à leur mort ! » se dit Pierre.

Et que fait Pierre face à cet heureux coup du destin ? Il ne tergiverse pas longtemps. Il débarque les marins espagnols sur la côte de Saint-Domingue, distribue à chaque membre de son équipage la part qui lui revient et, sans hésiter, met le cap, non pas sur l'île de la Tortue – un repaire de pirates – non loin de là, mais sur le grand large, sur son port d'attache, Dieppe.

On raconte que Pierre, surnommé depuis lors le Grand, abandonna la flibuste pour toujours. Assis sur une immense fortune, il put vivre à Dieppe paisiblement et avec opulence jusqu'à la fin de ses jours. On dit aussi que son exploit colporté dans toutes les tavernes des Antilles en fit rêver plus d'un et en fit basculer beaucoup dans la piraterie, et pas seulement pour un jour…

À l'abordage !

Comment aborder, pour l'attaquer, un navire bourré de marchandises et défendu par des dizaines de canons et des centaines de marins armés ?

En faisant preuve de ruse et de courage. Ce sont là les deux armes principales des pirates. Ils doivent employer la ruse pour s'approcher du navire sans éveiller la méfiance et éviter le tir des canons.
Hisser un pavillon ami ou donner de la gîte (faire pencher dangereusement le navire), baisser les voiles, se coucher sur le pont et lancer des signes de détresse ou bien encore se déguiser en femmes ou en marins espagnols sont autant d'attrape-nigauds qui fonctionnent dans la plupart des cas.

Lorsque le bateau à prendre est suffisamment proche, l'étape la plus décisive de l'attaque peut avoir lieu.
Au cri du capitaine pirate « À l'abordage ! » tous ses hommes passent à l'assaut. Pour s'amarrer au vaisseau, **certains lancent des grappins et des crochets de fer au bout d'une corde. Puis ils bombardent le pont de pots à feu bourrés d'explosifs** pendant que d'autres escaladent le flanc de la coque à l'aide de haches. Quand ils bondissent par-dessus bord, c'est le branle-bas de combat ! Dans la fureur des explosions, la fumée et la violence extrême, les cordages sont tranchés nets pour faire tomber les voiles. Les sabres et les haches tournoient en de terrifiants moulinets. Les coups de pistolets à silex claquent.

Pistolets à silex

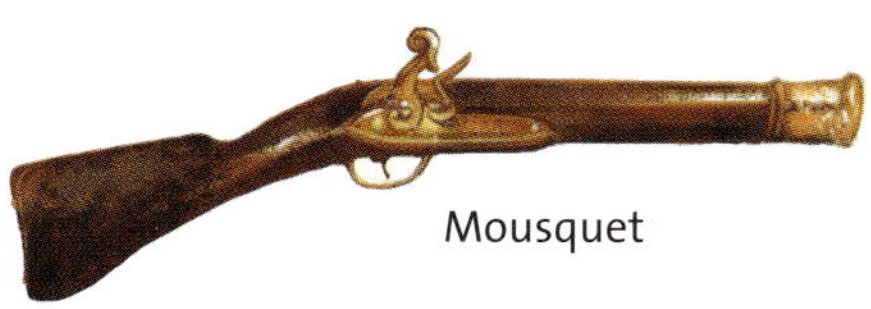
Mousquet

Hache d'abordage

Etoiles en fer

Grappin

Poignard

Sabre d'abordage

Impitoyable parce qu'elle n'a rien à perdre, **la masse hurlante des assaillants fond sur l'équipage adverse.** Ceux qui arrivent à lui échapper se barricadent et s'arment pour une résistance qui sera vaine. Malheur à eux car ils seront tôt ou tard éliminés froidement ou jetés par-dessus bord ! Les autres sont faits prisonniers. Leur seul espoir sera d'être libérés plus tard en échange d'une rançon. Quant à ceux qui changent de camp, ils peuvent être nombreux. Maltraités et mal nourris par leur capitaine, ils préfèrent se ranger du côté des vainqueurs, en acceptant d'épouser une nouvelle carrière autrement plus dangereuse et plus excitante : celle de pirate.

Nau l'Olonnais

LE PIRATE À LA SINISTRE RENOMMÉE

Ce Français, originaire des Sables-d'Olonne, en Vendée, a plutôt belle allure. Une fine moustache, des cheveux noirs bien peignés et des vêtements raffinés. Son bagou fait merveille, et il a un tel culot qu'il en embobine plus d'un. Si l'on s'approche de lui, il est impossible de ne pas remarquer la lueur inquiétante qui brille au fond de ses yeux. Que fait son sabre, ainsi posé sur son épaule ? Il est toujours brandi, prêt à s'abattre sur n'importe qui au moindre signe de danger. Régulièrement, l'homme le porte à sa bouche et passe lentement la lame sur sa langue pour vérifier qu'elle est toujours aussi effilée. Mieux que personne, il sait utiliser la menace. Envers ses hommes, ceux qui consentent à le suivre, mais surtout envers ceux qu'il a décrété être ses pires ennemis : les Espagnols.

Cette haine tenace, qui ne le quittera jamais, remonte aux débuts peu glorieux de sa carrière de pirate.

En 1653, pris dans une terrible tempête, il est contraint de se réfugier avec son équipage dans le port espagnol de Campeche, au fond du golfe du Mexique. Là, les soldats sont impitoyables. Saisis par une folie meurtrière, ils égorgent toute la bande, sauf un, resté miraculeusement indemne : l'Olonnais. Comment ? En se barbouillant du sang de ses compagnons, en restant allongé pendant des heures et en faisant le mort. Puis, après s'être vêtu des habits d'un Espagnol, il attend le bon moment pour fuir, débaucher des esclaves en leur promettant de les affranchir et voler une chaloupe pour rallier l'île de la Tortue*, son repaire. Et il y parvient !
Depuis ce jour, prêt à assouvir ses plus funestes penchants, Jean-David Nau jure supplice et mort à tous les Espagnols qu'il croise. L'homme est d'une cruauté sans pareil, et il va le démontrer à maintes occasions.
Sans perdre de temps, le pirate équipe un petit navire, recrute une vingtaine d'hommes et part traquer ses ennemis le long des côtes de Cuba. La chance lui sourit : il réussit, par un coup d'audace incroyable, à prendre possession d'une frégate espagnole armée de dix canons ! Les blessés sont achevés et les survivants enfermés au fond de la cale.
– Grâce ! Nous vous demandons humblement grâce ! supplie l'un d'eux.

* L'ÎLE DE LA TORTUE : située dans les Grandes Antilles au nord de Saint-Domingue.

– Et qu'aurais-je en échange ? demande Nau, imperturbable.
– Je vous dirai tout ce que je sais ! répond aussitôt le prisonnier.
– Alors parle, et tu auras la vie sauve !
L'homme, en tremblant, avoue tout sans hésiter.
Il confesse que l'expédition a été montée pour capturer le pirate Nau en personne. Quant à lui, il a été recruté comme bourreau, avec la mission d'éliminer tous les forbans qu'il aura réussi à capturer.
Le sang de l'Olonnais ne fait qu'un tour, et l'étrange lueur dansant habituellement au fond de ses yeux enflamme brusquement son regard. En quelques minutes,

dans un silence de plomb, il fait monter tous les prisonniers espagnols sur l'entrepont, empoigne son sabre à la lame tranchante et, avec méthode, les décapite un à un, jusqu'au dernier. Le prisonnier qui a parlé, conformément à la promesse, reste en vie. Il est mis dans une chaloupe et chargé de rapporter au gouverneur de La Havane un sac de jute contenant les têtes coupées ainsi qu'une lettre :

« Monsieur le gouverneur, soyez assuré qu'à l'avenir tout Espagnol tombant entre mes mains subira le même sort. Peut-être même en ferez-vous personnellement l'expérience ! Ce serait justice et un grand plaisir pour moi. »

Ce sanglant épisode fait alors grand bruit et forge la sinistre réputation du cruel brigand qui n'en reste pas là. En 1666, il s'allie avec Michel le Basque, un habitué des jolis coups, et rassemble sur l'île de la Tortue et à Saint-Domingue tout ce qu'il trouve : les pires canailles assoiffées de rapines*, les crève-la-faim, prêts à tout pour grappiller quelques miettes de gloire et amasser beaucoup d'or… Au total, quatre cent trente hommes composent les équipages, répartis sur sept navires : une véritable escadre* !

Ce n'est pas en haute mer que Nau livrera le combat qu'il prépare, mais à Maracaibo, au Venezuela, une ville

* UNE RAPINE : vol, pillage.

* UNE ESCADRE : groupe de navire.

nichée au fond d'une baie et défendue par un fort.
Une des fameuses cités de l'or regorgeant de métaux précieux, qui hantent les rêves de tout pirate. Un gros coup, assurément, que personne jusque-là n'a osé tenter.
Les flibustiers ne rencontrent pas beaucoup de résistance.
Et pour cause : la ville est déserte !
Les habitants, prévenus de l'attaque, ont eu le temps de se sauver, de cacher les trésors et de préparer leur défense dans une autre ville où ils se sont réfugiés : Gibraltar*.
– Qu'importe, la prise sera meilleure ! s'exclame l'Olonnais pour donner du courage à sa troupe.
Mais par trois fois, face aux murs bardés de défenses, elle se casse les dents, repoussée par la résistance farouche des Espagnols. Nau emploie la ruse. Il feint le repli et même la déroute pour se cacher dans la forêt, se laisse poursuivre par ses ennemis et les prend à revers.
C'est la victoire ! Il entre dans la ville avant qu'on referme les portes. Le pillage commence et, dans l'excitation, l'ivresse et la fureur, un immense carnage où aucun innocent n'est épargné fait rage pendant des semaines.
Il y a des cadavres partout. Les maisons et les églises saccagées ne sont plus que des ruines fumantes…
Les deux cités rapportent gros, et les pillards peuvent se frotter les mains : 360 000 écus d'or.
Jamais, jusque-là, on n'avait amassé un pareil butin !

* GIBRALTAR : ville au nord du Venezuela.

– Vive l'Olonnais ! Vive le Basque ! hurlent pendant des jours et des nuits les aventuriers rentrés sur l'île de la Tortue. Enivrés par le vin et la fortune, ils font bombance et dépensent sans compter, alors que leur chef réfléchit déjà à la prochaine expédition…

Après une telle réussite, comment ne pas imaginer des coups encore plus audacieux ! D'autant que les gros durs, attirés par l'appât du gain, accourent ! À la tête d'une nouvelle petite escadre et de six cents hommes, Nau fait voile vers les riches cités du Nicaragua où l'or, dit-on, coule entre les doigts.

Mais cette fois, la chance n'est pas de son côté. Les vents trop forts, d'abord, puis les courants le font dériver sur la côte du Honduras. Là, rien de bien intéressant. Quelques villages de pêcheurs, des huttes d'Indiens et des réserves de maïs à piller. Écumant de rage devant un si maigre butin, l'Olonnais a un brusque accès de folie et, comme une bête sauvage, révèle une nouvelle fois ses instincts les plus féroces.

Au cours d'un interrogatoire, on le voit ouvrir la poitrine d'un prisonnier. Avec un poignard, il arrache son cœur encore palpitant, le mange en y plantant les dents avec voracité et oblige un autre prisonnier à avaler le reste. Ses compagnons ne peuvent s'empêcher de vaciller d'horreur

et de s'interroger. Leur chef ne sera-t-il pas devenu fou ? Le doute s'insinue jour après jour, alors que l'Olonnais continue d'exercer sa sauvagerie sur ses proies. Des traquenards, il en tend ; des villes, il en pille ; mais aucun butin conséquent ne fait surface, en dépit des promesses et des écus d'or qu'il a fait miroiter. Démuni, le chef malchanceux décide de reprendre la mer pour s'attaquer à un gros gibier : la hourque*, qui fait chaque année la navette entre l'Espagne et la province du Honduras pour la ravitailler. L'affaire est risquée. Le navire est un énorme bâtiment bourré d'hommes et armé jusqu'aux dents de canons et de pots à feu. Au crépuscule, les forbans* parviennent à l'intercepter. Ils se sont regroupés sur plusieurs barques. En silence, ils l'encerclent et passent à l'abordage en poussant des cris terrifiants. En quelques minutes, l'équipage est neutralisé. D'ailleurs, il n'a pas opposé une très vive résistance. C'est sans doute en raison de la piètre valeur de la cargaison : du papier et des barres de fer en grande quantité ! Par dépit, les forbans mettent le feu au bateau, et la fumée épaisse ne leur permet pas de voir les deux lieutenants de Nau, Pierre le Picard et Moïse Vauclin, fuir dans le plus grand secret, escortés de nombreux compagnons.
« Qu'a cela ne tienne ! Que ceux qui me restent fidèles

* UNE HOURQUE : bateau de transport à fond plat utilisé dans les mers du Nord.

* UN FORBAN : synonyme de pirate.

soient récompensés ! Quant aux autres, ils le regretteront ! » vocifère d'Olonnais, furieux, en découvrant la fuite de ses hommes. Ont-ils eu raison de déserter ? Probablement, car la malchance semble désormais lui coller à la peau.

Le forban entêté continue presque seul à marauder dans le golfe du Honduras, quand son navire se brise sur un récif. Il lui faut mettre pied à terre, tenter de survivre, affronter la nature hostile, tout en promettant fortune à la poignée d'hommes qui commence à regretter de l'avoir suivi. Au bout de dix mois, lorsque le bateau, construit avec les restes du précédent, peut enfin prendre la mer, tous se sentent immensément soulagés. Dans la chaleur moite équatoriale, la barque peine à remonter la rivière San-Juan. Son cours est parsemé d'obstacles et elle s'étire à travers une épaisse forêt où résonnent des cris étranges d'animaux. Les Espagnols, partis depuis longtemps à leur recherche, semblent être postés en embuscade partout. En réalité, ce sont des Indiens à la solde des Espagnols qui rôdent le long des rives. Ils attendent le signal de l'assaut et bandent déjà leurs arcs pour envoyer une pluie de flèches sur la bande d'errants, traqués et affamés. Le combat s'engage et, très vite, c'est le sauve-qui-peut. Chaque homme part de son côté et s'enfonce dans la végétation dense pour échapper à la férocité des Indiens. Comment Nau échappe-t-il à ce piège ? On ne le saura jamais… C'est sûrement grâce à son étoile, qui n'est finalement pas si mauvaise que cela, et surtout grâce à la fidélité de quelques compagnons. Pourtant il ne perd rien pour attendre…

Un jour, alors qu'il navigue dans les parages du golfe de Darien, il est obligé d'aller à terre, à la recherche d'eau douce et de nourriture. Seul, il tombe entre les mains d'Indiens Bravos, des guerriers farouches à la sombre réputation. Même si leur victime tente de se débattre, de les mordre et de pousser des hurlements terrifiants, rien n'y fait. Au village, au milieu de la tribu, le prisonnier encore vivant est installé sur un brasier où les flammes crépitent au-dessus des braises rougies. Après l'avoir rôti, découpé en petits morceaux et dévoré, ces indigènes n'ont jamais su qu'ils avaient servi, en quelque sorte, la justice divine.

A l'assaut des cités de l'or

Contrairement à ce que l'on croit, ce sont les prises de villes fortifiées espagnoles, et non les abordages de navires de commerce bien plus rares, qui constituent la plupart des exploits des pirates.

Ces opérations de grande envergure se multiplient après que les Espagnols ont organisé des convois bien défendus pour rendre leurs bateaux presque inattaquables. Face à des galions chargés de canons qui protègent les navires regorgeant de richesses, les chances de réussite des pirates sont bien minces...

Il y a alors les « cités de l'or » comme Veracruz, Portobelo, Nombre de Dios, Maracaibo, Carthagène, dont les noms hantent les rêves des plus cupides. Dans ces villes sont concentrées toutes les richesses du Nouveau Monde. Des trésors soigneusement mis à l'abri derrière de puissantes fortifications où des batteries de canons attendent, pointées vers la mer.

Ceux qui se risquent à l'attaque de tels bastions comptent sur leur bonne étoile et leurs armes habituelles : la ruse et l'audace.

Le débarquement, en secret, à quelques kilomètres du port, a lieu en général la nuit.

Les pirates viennent de fondre sur la ville. Ni les soldats ni les habitants ne sont capables de répliquer. Ils assistent impuissants au pillage de la cité. Parfois la population entière est prise en otage et gardée emprisonnée dans l'église, le temps que la rançon exigée par le chef de l'expédition soit versée. La tension monte. Elle devient extrême : les barils de poudre placés tout autour de l'édifice sont prêts à exploser si les pirates perdent patience...

Lentement, en silence, la troupe cachée dans la forêt ou dans les marécages environnants s'approche sans se faire remarquer. Au moment de l'attaque, l'effet de surprise doit être total. Les habitants, pris de court, seront ainsi incapables de répliquer.

La cité est pillée et incendiée. Les églises, les maisons modestes, les riches demeures sont ratissées, du grenier à la cave, et saccagées. Quant aux habitants qui n'ont pu fuir, ils sont fait prisonniers, mis à la torture, jusqu'à ce qu'ils révèlent leurs cachettes.

Le chef de l'expédition réclame une rançon générale aux autorités de la ville. Si son paiement n'arrive pas dans le délai fixé, quelques prisonniers sont froidement exécutés et un quartier de la ville est livré aux flammes, à titre d'avertissement.

Souvent les Espagnols font traîner les négociations pour gagner du temps et permettre aux armées et aux bateaux de guerre d'arriver. Mais les attaquants sont en position de force. Ils savent que leurs otages sont une solide monnaie d'échange. Et les enchères montent surtout quand il s'agit de personnalités importantes.

De tels coups de force, particulièrement nombreux entre **1630 et 1700**, assoient pour longtemps la gloire de flibustiers fameux comme Jean-David l'Olonnais, Henry Morgan, Laurent de Graff, Van Horn, Michel de Grammont. Véritables chefs de guerre, ils osent attaquer avec leurs troupes de crapules, les ports les plus fortifiés et en tirer de fabuleux butins qui ne tardent pas à s'évaporer.

Les hommes recrutés en grand nombre forment parfois de petites armées qui regroupent jusqu'à six cents combattants.

Alexandre-Olivier Oexmelin

PIRATE ET CHIRURGIEN

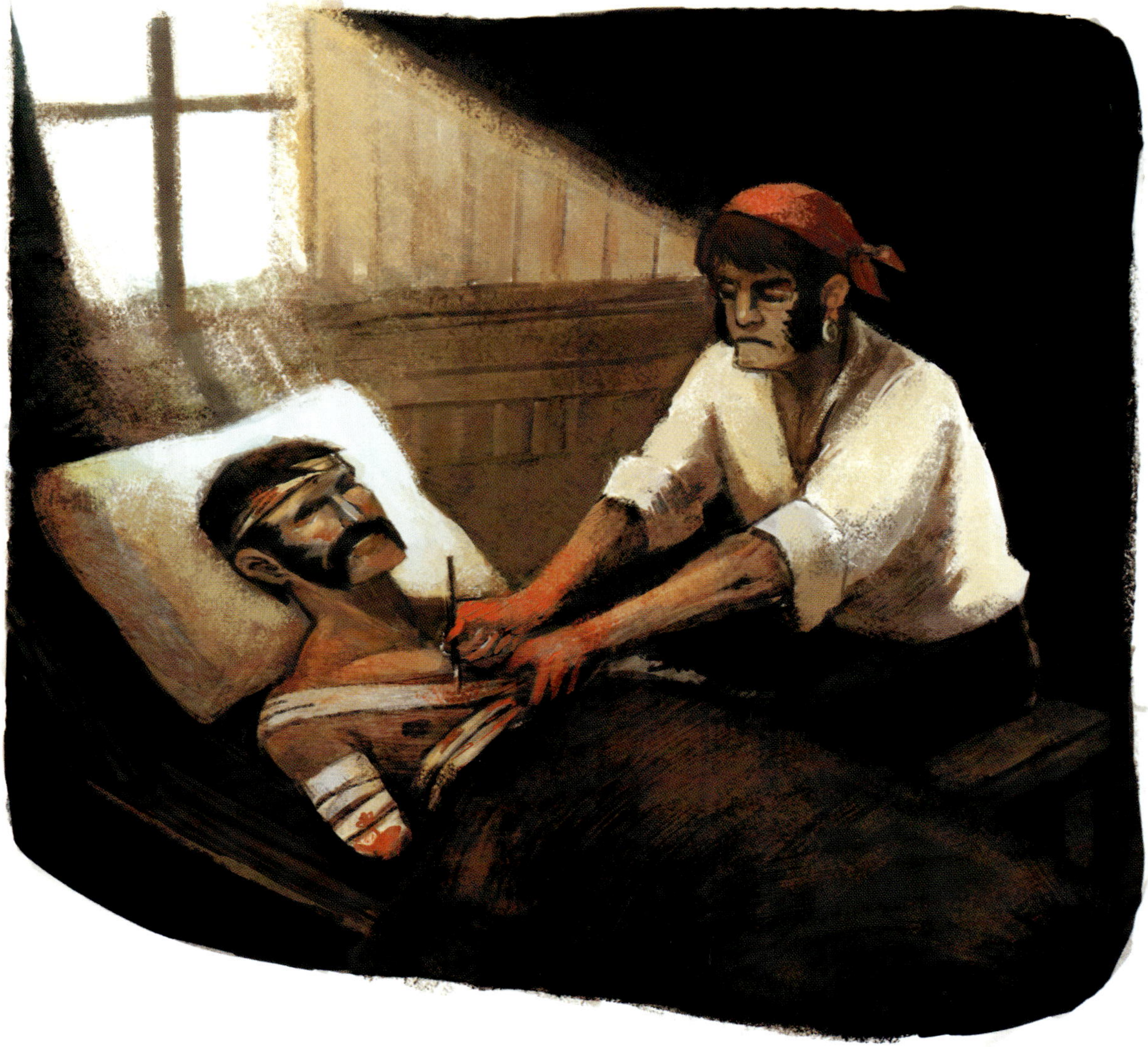

Une forte odeur de brûlé plane encore au-dessus du *Phœnix*, et le spectacle qu'il offre est désolant. Les voiles pendent, éventrées. Les vergues* emmêlées gisent en gros paquets sur le pont, et le beaupré* est déchiqueté. En attaquant la goélette espagnole, le capitaine, Bras-de-Fer, n'avait pas prévu une réaction aussi rapide. Une volée de quatre canons et d'une vingtaine de mousquets, agrémentée de morceaux de fer, de clous et de verre, ça surprend, ça s'entend et ça fait des dégâts !

Même si le capitaine espagnol s'est rendu et même si les cales pleines de la goélette offrent de belles promesses de butin, le prix de la victoire est cher.

Sur le pont, des blessés mal en point se tordent de douleur et gémissent. Non loin d'eux, Bras-de-Fer, appelé ainsi à cause de la force de son poignet, est étendu, inanimé, dans une mare de sang.

– Dégagez de là, les gars ! Au lieu de rester plantés comme des abrutis, donnez-moi plutôt un coup de main !

C'est Alexandre, le chirurgien pirate embarqué dix jours auparavant sur le *Phœnix*, de l'île de la Tortue. Il ne sait plus où donner de la tête. Les blessures sont graves. Il faut agir vite.

– Tiens, Passe-Partout, porte celui-là dans la cale ! Il faut

* UNE VERGUE : pièce de bois fixée au mât et portant des voiles.

* UN BEAUPRÉ : mât situé à la proue d'un navire et incliné vers l'avant.

juste que je nettoie sa plaie. Après, ça sera son tour, à lui… Hum, il faudra que je le cautérise au fer rouge…
En se penchant sur son capitaine, Alexandre sait que l'intervention sera délicate et risquée. Doucement, il entrouvre les lèvres du blessé pour lui faire boire quelques lampées d'alcool fort qui atténueront tout à l'heure sa douleur. Pendant de longues minutes, on entend des hurlements qui proviennent de la cale. Sur une table d'opération sommaire, le chirurgien joue du scalpel et des pinces, tranche dans le vif des chairs.
– Dans trois jours, il n'y paraîtra plus ! annonce-t-il à chaque opéré dès qu'il a achevé son travail.
Bras-de-Fer est intransportable. Impossible de tenter l'opération ailleurs que sur le pont. Pour protéger l'endroit du soleil ardent, les marins tendent une voile de fortune. Pendant ce temps, Alexandre, l'air grave, étale ses instruments sur une caisse en bois.
Il reste longtemps penché sur le blessé, maniant le bistouri, l'aiguille à recoudre et les instruments servant à cautériser que lui tend Soupe-au-Lait, le vieux barbier à la jambe de bois. Tout le monde retient son souffle. Va-t-il réussir à sauver leur capitaine dont les nerfs de la nuque ont été sectionnés par un coup de sabre ? Même si le chirurgien a la main sûre et un solide savoir-faire, les chances sont minces. C'est alors qu'il voit,

sur le tillac* de la goélette, le cadavre d'un lamantin* que l'équipage espagnol s'apprêtait à dépecer. Il a l'idée d'utiliser ses boyaux.

– Un morceau suffit ! dit-il au cuisinier qui accourt pour lui apporter.

Aussi soigneusement qu'il le peut, Alexandre recoud les nerfs sectionnés à l'aide de ce matériau providentiel. Puis il fixe solidement la tête et le torse du blessé sur une planche, pour l'immobiliser jusqu'à la cicatrisation. Par quel miracle réussit-il ? Nul ne le sait. À croire que Bras-de-fer a la nuque aussi dure que du métal !

L'opération a réussi, mais la guérison est plus incertaine. Bras-de-Fer passe par de nombreux accès de fièvre qui le laissent excité ou abattu. Difficile pour un pirate d'être condamné à l'inaction, les yeux rivés au plafond de la cale, toute la journée ! Alors, Alexandre, en bon médecin réconfortant, se tient à son chevet et lui parle. Pour passer le temps, il lui raconte ses aventures ; celles qu'il a vécues auprès de pirates de renom : Michel Le Basque, Jean-David Nau…

Un jour, intrigué par les manières raffinées et le langage châtié du médecin, le capitaine l'interroge :

– Comment, diantre, es-tu arrivé jusqu'ici, auprès de nous autres, les gueux de la mer ?

* UN TILLAC : pont supérieur d'un navire.

* UN LAMENTIN : mammifère marin vivant dans les eaux tropicales de l'océan Atlantique, le long du littoral.

Le cœur serré, Alexandre Oexmelin fixe un moment son capitaine puis dévoile le récit de sa vie :
– C'est une vieille histoire ! Tout est parti de ma religion, commence-t-il, amer. Normand, natif du port de Honfleur, j'ai suivi dès mon plus jeune âge les préceptes du protestantisme suivis par toute ma famille.
Lorsque le roi Louis a interdit aux protestants l'exercice de la profession de chirurgien à laquelle je me destinais, je suis parti du port du Havre de Grâce ; c'était en mai 1666. Un contrat de la Compagnie des Indes occidentales en poche, j'espérais bien que, dans les îles, je pourrai exercer mon métier. Hélas, sur place, j'ai vite déchanté.
Mon patron avait de brusques accès de violence.
Un jour, il me frappa avec une telle sauvagerie que je fus quelques jours entre la vie et la mort. Heureusement, le gouverneur, que j'avais eu la chance de connaître, me tira de ce mauvais pas. Il me confia à un chirurgien qui m'apprit mon métier. Je l'ai exercé en allant d'île en île, jusqu'au moment où, à l'île de la Tortue, j'ai fait la connaissance de flibustiers. Depuis, à bord de leurs navires, je les accompagne dans leurs virées.
J'y ai pris goût, et je me rends utile en soignant les blessés ! »
Tout cela était vrai. Pendant des années encore, dans le feu, la fureur et le sang, Alexandre Oexmelin

participa avec fougue aux plus grandes équipées, côtoya les pires canailles, tel Morgan et bien d'autres encore. Mais la flibuste finit par le lasser. De retour en France, il rédigea le récit de ses aventures dans *L'Histoire des aventuriers flibustiers qui se sont signalés dans les Indes.* Il livre là un témoignage unique et irremplaçable de la piraterie, qui a établi ses bases dans les fameux repaires de l'île de la Tortue, de Saint-Domingue ou de la Jamaïque, entre 1668 et 1697.

Soigner, opérer à bord

Recoudre les plaies, extraire les balles de mousquet, calmer la fièvre, stopper les hémorragies, amputer les membres gagnés par l'infection sont les principales tâches du chirurgien qui est aussi médecin, pharmacien et barbier.

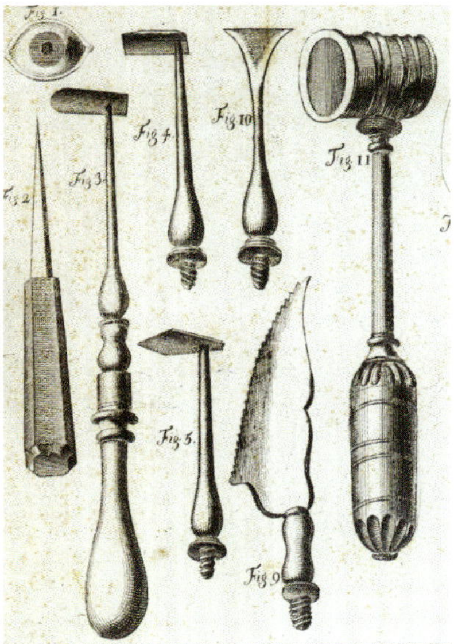

Instruments de chirurgie

Il arrive qu'un chirurgien fasse partie d'un équipage pirate. Mais la plupart du temps, les forbans doivent se contenter d'une armoire à médicaments, butin précieux récolté lors d'un précédent abordage. Celle-ci contient en général du quinquina chassant la fièvre, de l'eau-de-vie, un alcool fort, et du vin d'opium aidant à mieux supporter la douleur. **Les plantes tropicales** sont utilisées pour leurs vertus particulières. Transformées en poudre, en potion ou en pommade, le bananier ou le gommier servent à **guérir les plaies**, la vanille agit sur l'estomac, tandis que la mangle, le fruit du manglier, **apaise les piqûres de bêtes venimeuses**. Ces médicaments n'ont toutefois **aucune efficacité sur les maladies** qui sévissent à bord. Une des plus redoutables, **le scorbut**, est le lot habituel des équipages. Cette maladie déchausse les dents et fait gonfler les gencives, puis provoque des hémorragies jusqu'à ce que la mort survienne.

Vers le milieu du XVIIIe siècle, les Anglais découvrent que la consommation de fruits et de légumes frais à bord préserve de cette horrible maladie. Plus tard, la médecine démontre qu'elle est due à une carence en vitamine C. **Fièvre jaune** et **paludisme** sont **des maladies tropicales** mortelles qui provoquent tremblements et fièvres fortes. Elles frappent surtout les marins d'origine européenne qui ne sont pas protégés contre elles. Seule la saignée peut apporter aux malades un soulagement momentané.

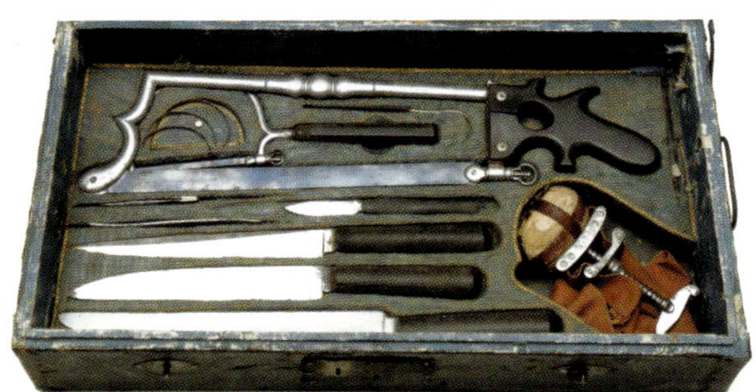

Un coffret de chirurgien contenant des instruments pour l'amputation.

Après les combats, le chirurgien a fort à faire. Il faut nettoyer les blessures, enlever un organe abîmé, recoudre les chairs ou, ultime solution, couper un membre. **L'amputation est l'une des opérations chirurgicales les plus courantes à bord.** Elle sauve le blessé en empêchant que l'infection due à la gangrène ou au tétanos, deux maladies infectieuses redoutables, s'étende au reste du corps. À l'aide de rasades d'eau-de-vie ou de vin d'opium qui mettent l'opéré dans une sorte de coma, le chirurgien opère. Il scie, sectionne, suture avec ses instruments rangés bien en ordre à côté de lui. Si le blessé résiste au choc opératoire, il peut espérer une prothèse d'ici quelque temps.

Certains chirurgiens sont de véritables maîtres en la matière. Ils sont capables de fabriquer des **pilons en bois, des yeux de verre, des crochets en remplacement d'une jambe, d'un œil ou d'une main**. Ces nouveaux attributs font des pirates des personnages encore plus redoutables que l'on reconnaît de loin avec leur démarche claudicante ou leur œil fixe.

LES GUEULES CASSÉES
Les blessures sont comme des décorations qui forcent l'admiration des autres pirates. Elles donnent lieu à des dédommagements.

Sir Henry Morgan
LE CHAMPION DE L'EMBROUILLE

On dit que c'est le plus grand de tous. Ses coups de force sont si fracassants qu'on en garde longtemps le souvenir. Rusé comme le plus malin des renards, il est prêt à n'importe quoi pour amasser toujours davantage. La fièvre de l'or flambe dans ses yeux. Elle le fait triompher en toutes circonstances. Elle le pousse à la plus grande perfidie. Dès ses premières expéditions, le roi de l'escroquerie montre qu'il sait tirer parti de toutes les situations. Entre 1655 et 1668, alors qu'il vient de débarquer de son pays de Galles natal, Henry Morgan lance ses premières attaques contre les villes du golfe du Mexique et contre Cuba. À Puerto Principe, alors qu'il a déjà acquis l'aisance d'un flibustier expérimenté, il s'abat sur la ville sans crier gare. « On y fait un commerce juteux de peaux avec La Havane. Les coffres des marchands ruissellent de pièces d'or et d'argent », lui a-t-on assuré.

La conquête est un jeu. Le pillage s'avère plus difficile. Nulle monnaie dans les maisons. Les habitants qu'on a fait prisonniers disent tous sous la torture qu'ils voudraient bien donner ce qu'ils possèdent, mais qu'hélas ils n'ont rien ! Morgan a les nerfs à vif :

– Qu'ils dénoncent leurs amis qui ont mis de l'or de côté, où qu'ils se trouvent. J'accorde huit jours de délai !

La semaine s'écoule et le butin reste mince.

– Qu'à cela ne tienne ! hurle alors Morgan. Ici, si les trésors ni ne brillent ni ne sonnent, ils meuglent. Cinq cents bœufs ! Je veux que, dans les deux jours à venir, ceux qui n'ont pas trouvé d'argent mettent la main sur cinq cents bœufs. Si c'est la seule richesse de l'endroit, eh bien prenons-la !

Puis, dans un état de grande excitation, il poursuit :

– Les propriétaires devront les conduire eux-mêmes sur le rivage. Ils les abattront, les saleront, puis les chargeront à bord de nos navires. Sinon, pas de quartier ! La mort pour tous et la ville brûlée. C'est dit !

Les habitants s'exécutent, et la totalité du bétail est rassemblée le lendemain. Morgan a vaincu. Les soutes de ses navires sont pleines de quartiers de viande. Mais avant que ses flibustiers ne maugréent, quelque peu déçus, il les lance aussitôt sur Porto Bello, but de la prochaine expédition.

Le pari est osé. La cité, défendue par trois forteresses, est réputée imprenable. Mais c'est là que se trouve l'or ! Trois fois par an arrive le convoi de mulets, chargé de lingots d'or en provenance du Pérou et du Chili. Dans les yeux de Morgan, la fièvre flambe déjà.

– Petits en nombre, mais forts en cœur, déclare t-il pour convaincre les plus réticents. Et moins nous sommes, plus grandes seront nos parts du butin !

Avec quatre cent quatre-vingts hommes, il débarque à 150 kilomètres de la ville, remonte à bord de canots la principale rivière, s'enfonce dans la forêt, se risque dans les marécages et arrive, à l'aube, à l'arrière de la place forte.

Les deux premiers bastions sont pris d'assaut au milieu des hurlements et des coups de feu des flibustiers. Hommes, femmes et enfants sont poussés dans les églises pour y être enfermés. Mais le troisième fort résiste, et la partie ne semble pas gagnée. Comment faire sans poudre ni canons maintenant que les réserves sont épuisées ? Le rusé Morgan a son plan, qu'il met aussitôt à exécution : faire fabriquer des échelles en bois suffisamment larges pour que trois personnes y grimpent de front ; faire sortir les moines et les religieuses de leurs couvents où ils sont gardés prisonniers ; leur ordonner d'avancer vers le fort en portant les échelles, qu'ils poseront contre la muraille avant d'y grimper ! Protégés par ces boucliers humains, les flibustiers se ruent vers les échelles. Ils les escaladent comme des singes, à la barbe des Espagnols qui hésitent à tirer. Trop tard ! Ils sont déjà dans la place, et le pillage de tout ce qui brille peut commencer. La récolte est bonne. Très bonne. Oubliée la déception de Puerto Principe ! Deux cent cinquante mille pièces de huit*, trois cents esclaves, des objets de culte d'églises et de couvents, des bijoux, des pierres précieuses… Qui dit mieux ? Peut-être à Maracaibo. N'est-elle pas, elle aussi, une cité de l'or croulant sous les richesses ? Certes, mais après le passage de l'Olonnois, elle n'est plus à la hauteur de sa réputation. Et si elle recèle encore quelques trésors, il faut aller à leur recherche. Les hommes de Morgan s'y emploient. La forêt environnante est ratissée avec méthode, les cachettes sont débusquées et tous les supplices expérimentés. La ville tombe entre leurs mains le 9 mars 1669. Mais quelques jours après, au moment de repartir, une mauvaise surprise les attend. Trois vaisseaux de guerre espagnols barrent le passage à l'entrée de la baie de Maracaibo.

– Ils croient nous avoir pris au piège. Ils vont bientôt voir de quel bois je me chauffe ! lance Morgan dans un grand éclat de rire.

* PIÈCE DE HUIT : monnaie espagnole ou qui a cours en Amérique.

Au moment où l'escadre s'approche de son bateau et s'apprête à l'aborder, une gigantesque explosion résonne dans toute la baie. C'est un brûlot bourré de poudre, de goudron et de feuilles sèches. Les flibustiers viennent de le lancer droit sur les navires espagnols. L'un d'eux s'enflamme, l'autre est capturé et le troisième s'échoue sur une plage. Que font alors les pirates ? Ils s'échappent le plus tranquillement du monde, sans l'ombre d'une menace. Et pour cause ! Les Espagnols, persuadés qu'une attaque par voie de terre allait survenir, ont déplacé tous les canons du fort. Impossible de tirer vers la mer où les embarcations de Morgan, toutes voiles dehors, dansent sur les flots !
L'exploit fait le tour des Antilles, de l'Angleterre et achève d'asseoir la réputation du gredin. Du coup, toutes les têtes brûlées, les vauriens et les crève-la-faim que comptent les Caraïbes accourent à lui. Ils sont enrôlés sur le champ pour prêter main forte au projet le plus osé de la carrière de Morgan : Panama. Depuis longtemps, les trois syllabes de ce nom tournoient dans sa tête et lui font faire les rêves les plus fous. Des rêves d'or et d'argent bien sûr, car c'est dans ce port du Pacifique que les métaux précieux sont entreposés avant d'être transportés à dos de mulet vers Nombre de Dios, sur l'Atlantique.

Avec son armée de deux mille flibustiers, la plus grande jamais rassemblée, il se lance en janvier 1670 à l'assaut de la ville. Mais auparavant, il doit remonter la rivière Chagres, patauger dans les marécages et subir la faim, la soif, les insectes porteurs de maladies mortelles. Neuf jours terribles pendant lesquels ses hommes en viennent à manger le cuir de coffres abandonnés par les Espagnols. C'est un tel cauchemar que Morgan est sur le point de renoncer. Mais quand le clocher de la ville apparaît à l'horizon, il oublie tout et lâche ses troupes, qui pillent et dévastent tout ce qu'elles peuvent. Leur déchaînement est sans limites. Au bout de quelques jours, la ville n'est plus qu'un brasier : les entrepôts flambent tous, ainsi que la forêt alentour. Et le butin ? Il est si énorme que cent soixante-quinze mulets sont réquisitionnés pour le transporter : sept cent cinquante mille piastres, quelques doublons* d'or, des barres d'argent, des lingots d'or, des perles, des bijoux, des rouleaux de soie et des épices…
De quoi payer beuverie sur beuverie et être riches pour longtemps !
Riches, c'est un peu vite dit. La part qui revient à chacun est maigre comparée à celle que s'est réservée Morgan. Ses hommes grognent, réclament davantage, haussent le ton. Craignant une révolte, le roi de l'entourloupe

* UN DOUBLON : monnaie espagnole ou qui a cours en Amérique.

utilise son arme favorite : l'esquive. Il ne trouve pas d'autre issue que de mettre les voiles un beau jour et de planter là ses troupes, sans leur laisser ni vivres ni navires !

À la Jamaïque, où il est fêté comme un héros, personne n'a encore eu vent de sa traîtrise. Mais l'Espagne, scandalisée par le saccage de Panama, exige réparation. L'Angleterre, qui a signé une trêve avec elle, veut montrer sa bonne volonté. Le gouvernement anglais convoque Morgan à Londres et parle même de procès…

Que fait le coquin ? Il exhibe d'autres tours qu'il a gardés en réserve au fond de son sac. Dans les salons londoniens, on se l'arrache, il fait preuve d'amabilité et déploie tout le charme dont il est capable. Et ça marche ! Non seulement on applaudit son courage et son génie, mais le procès est ajourné et Morgan est couvert de gloire. Le roi Charles II le fait chevalier et le nomme lieutenant gouverneur de la Jamaïque, avec pour mission de pourchasser tous les… pirates, dans les parages de l'île ! N'est-ce pas la meilleure façon de neutraliser celui qui a semé la terreur dans les Caraïbes pendant des années ?

À partir de 1675, Sir Henry Morgan, représentant de la couronne d'Angleterre, fait voile vers les Antilles pour s'acquitter de sa nouvelle fonction.
Avec quelle ardeur ! Il mène une lutte implacable contre ses anciens compagnons, juge avec la plus grande sévérité ceux qui sont coupables des pires débordements, et ne cesse de dénigrer la piraterie…
Beau retournement de situation !
Malade et usé par des années d'excès, il meurt en 1688, riche propriétaire à la tête d'immenses plantations.
En son hommage, les canons des forteresses de Port-Royal de la Jamaïque tirent une salve et, dans les tavernes, les mauvais garçons entonnent cette chanson que les marins rendent célèbre :

T'étais un grand homme, Morgan
T'étais un roi non couronné
Quand tu hissais ta voile.
Maintenant, te voilà sous terre.

Ceux qui n'ont pas pardonné à l'homme ont la dent plus dure. Désormais, pour eux, il n'y a pas de plus grande injure que de traiter de « fils de Morgan » leur pire ennemi.

Butin en partage

RICHESSES
DU NOUVEAU MONDE

tabac

pièces d'or

canne à sucre

Quelle que soit son importance, maigre larcin ou gros coup, le butin est réparti selon des règles établies dans un contrat appelé « chasse-partie ».
Avant de prendre la mer, pirates et flibustiers doivent les accepter en signant le manuscrit où elles sont énumérées.

Au retour de l'expédition, l'évaluation du butin a lieu avant tout. On met de côté les marchandises qui peuvent être écoulées par un trafiquant ou un contrebandier spécialisé dans les commerces louches. Caisses de produits coloniaux (tabac, sucre, cacao, bois de teinture), rouleaux d'étoffes, pièces de cuir ou de dentelle sont négociés puis vendus au plus offrant.

Un dixième du butin, quelquefois davantage, est versé au gouverneur qui a donné l'autorisation à des flibustiers de commettre des actes de piraterie en toute légalité. La plupart du temps, cette commission lui est versée afin qu'il soit incité à fermer les yeux sur les débordements des hommes partis en expédition.

L'argent récolté est divisé en lots, comme les objets de grande valeur qui n'ont pas besoin d'être échangés : pièces de monnaie en or et en argent, poudre d'or, bijoux et pierres précieuses.

Puis vient le tour des blessés et des mutilés qui ne sont pas revenus entiers des batailles violentes opposant les assaillants et leurs ennemis. Ils ont droit à des dédommagements variant en fonction de la gravité de leur blessure ou de leur mutilation. Souvent, on applique ce barème : pour la perte d'un œil, 100 écus ou un esclave, pour la perte de la main droite ou du bras droit, 200 écus ou deux esclaves, pour la perte d'un pied ou d'une jambe, 200 écus ou deux esclaves...

À la fin, le reste est divisé en deux parts. Celle qui revient au propriétaire du bateau, et enfin celle qui est partagée entre les membres de l'équipage.

Rares sont les gains mis de côté... Tout juste distribués, ils sont vite dépensés à terre, flambant comme des allumettes en beuveries, festins, jeux d'argent. Les prises des villes qui rapportent gros donnent lieu à de mémorables ripailles s'étalant sur plusieurs jours. Elles se déroulent dans les repaires des pirates où elles dégénèrent bien souvent en bagarres. Quand les compagnons dégrisés constatent qu'ils ont tout perdu en quelques heures à cause de l'alcool, de femmes vendant leurs charmes ou de paris malheureux, ils n'ont qu'une envie : repartir, reprendre la mer, tenter un nouveau coup de main qui les rendra riches, c'est certain !

La répartition n'est pas égale. Elle varie selon la fonction et les mérites de chacun. Le capitaine, son second et le quartier-maître perçoivent en général deux lots. Les autres, un seul, tandis que les mousses ou ceux qui n'ont pas participé au combat doivent se contenter d'un demi-lot ou d'un quart, à moins qu'ils aient été les premiers à repérer, à l'horizon, la future proie.

Edward Low
L'IGNOBLE

Le plus cruel de tous sévit au début du XVIIIe siècle. On croit alors que le diable en personne est tombé du ciel, incarné en la sinistre personne d'Edward Low. Son champ d'action est vaste : l'océan Atlantique dans son entier, où il peut surgir à tout moment.
– Grâce, grâce ! implore, à genoux sur le pont, le capitaine d'une galère anglaise qui vient d'être capturé par le redoutable pirate.
Low, un sourire cynique aux lèvres, appuyé contre le bastingage, oppose aux supplications un lourd silence. Il vient de lever le bras en direction de son équipage. Aussitôt, ses hommes s'exécutent et obligent une partie des prisonniers à courir sur le pont. Pendant ce temps-là, ils se sont armés de couteaux aux lames aiguisées et étincelantes et, sur le passage de leurs victimes, ils les lardent et les tailladent avec un plaisir sadique.
– Que cette barbarie cesse ! hurle une voix indignée

parmi les autres captifs. C'est celle d'un prêtre portugais qui a eu la malchance d'embarquer sur le vaisseau anglais. Low ne répond toujours pas, mais le regard noir qu'il vient de lancer à son second en dit long. Celui-ci pousse le prêtre avec brutalité au pied du mât, et enroule autour de son cou le bout d'une corde.
Un frisson d'horreur parcourt les prisonniers. Le spectacle du supplice de leur compagnon est insoutenable. Pendant de longues minutes, le malheureux prêtre se balance comme un triste pantin au bout de la corde. Il est dépendu, puis rependu, et ainsi trois fois jusqu'à ce qu'il meurt. Le capitaine anglais, horrifié, les mains liées dans le dos, se débat furieusement. L'un des bourreaux, postés à ses côtés, n'y va pas par quatre chemins. Il plante dans le ventre de l'Anglais un coup de poignard et le tue sur place.

La sauvagerie d'Edward Low ne connaît pas de limites.
– Plutôt périr dix fois en mer que de tomber entre ses mains ! affirment tous les marins, même les plus aguerris. Pendant quelques mois, entre mai 1722 et juillet 1723, c'est un roi incontesté dans les eaux

noires de la piraterie. On le repère dans les Caraïbes, le long des côtes américaines et même jusque sur les bancs de Terre-Neuve. Dans son sillage se répandent les récits de sa folie meurtrière et de ses tortures toujours plus sadiques.
On raconte que le capitaine d'un vaisseau portugais pris au piège finit par avouer à Low, sous la torture, ce qu'il a fait avant de se rendre : après avoir suspendu au hublot de sa cabine un sac contenant une grande quantité de pièces d'or, il finit par le jeter à l'eau. Blanc de rage, incapable de contenir sa fureur, Low imagine alors un étrange supplice. Il fait couper les lèvres du prisonnier, les fait rôtir sous les yeux de sa victime, avant de le tuer de ses propres mains !
On dit aussi qu'un jour, avec une sorte d'humour noir qui ne fait rire que lui, il a coupé les oreilles d'un de ses prisonniers et l'a forcé à les manger à la croque au sel ! De quoi donner la nausée à son équipage qui n'a jamais vu pareille horreur !
Cruel, l'homme est aussi capable d'une grande lâcheté. Un jour de juin 1723, un navire de la Royal Navy réussit à lui couper la route et à capturer son bateau. Au plus fort de la bataille, que fait-il ? Il abandonne tout son équipage pour sauver sa peau en prenant la poudre d'escampette ! A-t-il su que ses hommes ont été jugés et pendus,

pour la plupart, à la suite d'un retentissant procès, en juillet 1723 ? Peu importe ! Ce qui compte, c'est de repartir, de fendre les flots, de marauder et de traquer le gibier !
En quelques jours, le gredin parvient à attirer des fripouilles autant assoiffées que lui de rapines et de vengeance.
Mais une nuit, Low pousse un peu plus loin sa bassesse. À la suite d'une violente querelle, il tue son quartier-maître pendant son sommeil. Aux yeux de ses compagnons pirates, qui n'admettent entre eux que le combat loyal, voilà bel et bien un crime impossible à pardonner !
Low subit le châtiment suprême réservé aux plus lâches des pirates. Il est abandonné aux caprices de la mer des Caraïbes dans une barque, sans provisions et sans rames. Nul ne sait ce qu'il est advenu de lui.

Quand la société Pirate se donne des règles

Sans foi ni loi, les pirates ? Pas tout à fait ! Même s'ils sont des révoltés, s'ils se vantent d'être **« les ennemis du genre humain tout entier »,** s'ils s'autorisent tout envers leurs victimes innocentes, ils forment une société avec ses règles et ses lois propres.

Cette sorte de contrat réglemente le partage du butin et précise les points essentiels de la discipline qui doivent être suivis : obéissance au capitaine, interdiction de voler, de maltraiter un compagnon, obligation de lui porter secours.

Règle de base

ÉGALITÉ ET LIBERTÉ DE DÉCISION

Règle 1

L'ÉLECTION DES CHEFS

Avant de prendre la mer, les chefs sont élus : le capitaine, son second, et le quartier-maître.

Règle 2

LE CAPITAINE

Le capitaine est le maître à bord. La navigation et la direction des combats lui reviennent sans partage. Il aura droit a une part et demie du butin. Gare à celui qui lui désobéit ! Fort de son autorité, d'un courage à toute épreuve et d'un talent particulier dans le maniement des armes, il s'impose auprès de ses hommes. Mais s'il déplaît, il risque d'être déposé. Et pire, d'être abandonné s'il a été déloyal.

Règle 3

LE QUARTIER-MAÎTRE

Il distribue les lots du butin, lui aura droit a une part un quart. Il représente l'équipage auprès du capitaine et veille à la discipline et aux provisions. Quand il y a contestation, il s'en remet à l'assemblée générale.

Règle 4

L'ASSEMBLÉE GÉNÉRALE

Quand il y a contestation, le capitaine s'en remet à l'assemblée générale composée de tout l'équipage. Elle se réunit pour prendre certaines décisions importantes : expéditions prochaines à prévoir, destinations à choisir, règles de la chasse-partie à modifier.

Chaque membre du groupe dispose d'une voix, et les résolutions doivent être prises à la majorité. Le principe d'égalité s'applique envers et contre tout. Quand des désaccords graves opposent deux membres de l'équipage, il est prévu qu'ils doivent se régler à terre, par un duel loyal, en présence de témoins. Sont alors autorisés, d'abord le pistolet, puis le sabre. En général, le duel prend fin à la première blessure.

Règles de vie à bord

L'ÉQUIPAGE

L'équipage jure fidélité et obéissance au capitaine et s'engage à suivre le règlement.

Il doit entretenir les armes et être prêt pour le combat, sinon il sera privé de sa part de butin.

Qui perdra un membre lors d'un combat recevra 800 pièces d'argent. En cas de petite blessure, il en recevra 400.

Qui maltraitera un compagnon ou ne lui portera pas secours sera sanctionné par quarante coups de fouet.

Qui pratiquera des paris de sommes d'argent à bord sera sanctionné par quarante coups de fouet.

Qui tentera de s'enfuir sera abandonné au gré des flots ou sur une côte déserte.

Qui mettra le feu à bord, qui volera l'équipage devra subir le châtiment de la planche ou être mis à mort.

Dans les eaux du vaste
OCÉAN ALTLANTIQUE

Bartholomew Roberts

LE ROI SOLEIL DE LA PIRATERIE

Avec son pavillon noir, reconnaissable entre tous, on le voit arriver de loin.
Plutôt que de l'affronter, on préfère s'éloigner et passer sa route. Car le vaurien ne manque ni de talent ni de panache et, grâce à sa bonne étoile, il réussit des coups époustouflants d'audace.
D'ailleurs, il a baptisé quelques-uns de ses bateaux *Fortune*, ce qui veut dire « chance » en anglais…
– Que me vaut cet honneur, capitaine ? demande Roberts lorsqu'arrive, sur le pont de son navire, le commandant d'un navire de guerre français qui ne sait pas encore qu'un piège se referme sur lui.
Le pirate cherche à se donner l'apparence d'un homme parfaitement respectable. Il déploie de bonnes manières, et sa mise est hautement raffinée : une veste de damas de couleur rouge sombre, un chapeau orné d'une plume du même ton, une chaîne d'or et une croix incrustée de diamants pendant à son cou. L'équipage a reçu l'ordre

de ne rien laisser paraître. En toute confiance, l'hôte suit le capitaine vers sa cabine, au son d'un morceau de musique classique entonné par les musiciens postés sur le tillac.

– Vous prendrez peut-être un peu de thé ? propose le pirate. À bord, je ne bois rien d'autre !

La comédie dure ainsi quelques minutes. Jusqu'au moment où l'un des hommes de Roberts sort un pistolet caché dans sa ceinture et tire quelques coups pour se dégourdir les doigts. L'invité sursaute. Puis une lueur d'effroi traverse son regard. Il court, essaye de fuir. C'est peine perdue, il est fait comme un rat ! Aussitôt, le pavillon macabre est hissé, l'équipage se met à la manœuvre pour prendre d'assaut le navire français, les pistolets sont glissés dans les ceintures et les sabres empoignés. Branle-bas de combat ! En 1719, capturé par un navire pirate, Roberts est devenu pirate malgré lui sous le nom de Bartholomew !

Depuis, il a répété maintes fois cette supercherie.
Désigné capitaine par son équipage, il impose son autorité et son style. Et avec quel brio !
En septembre 1719, à bord du *Rover*, il est un illustre inconnu. C'est sans doute pour cette raison que le commandant d'un convoi de quarante-deux navires portugais, escorté par deux vaisseaux de guerre de soixante-dix canons, ne se méfie pas.
– Voiles sur bâbord ! Une vraie armada, à ce que je peux voir ! hurle l'homme de vigie du *Rover* du haut de la hune.
– Le coup mérite d'être tenté, murmure le capitaine, l'œil rivé à sur sa longue-vue.
Puis, haussant la voix :
– Virez de bord et donnez la chasse au convoi !
L'attaque est rondement menée. Roberts se mêle à la flotte, s'approche d'un des plus gros navires et exige de son commandant qu'il vienne à bord du bateau pirate. Celui-ci ne doit avouer qu'une seule chose : le nom du vaisseau le plus richement chargé.
Si ce qu'il dit est vrai, il aura le droit de regagner son bateau à la fin de l'attaque. Sinon, il périra sur-le-champ !
Les pirates s'approchent du vaisseau désigné par le prisonnier, envoient une bordée, histoire de l'intimider, et jettent leurs grappins en poussant des hurlements

effrayants. Le combat est bref et terrible.
Les marins portugais, pris de court, n'ont pas le temps de se défendre. Leurs corps inertes s'entassent sur le pont pendant que les assaillants prennent le contrôle du navire. Quels cris de joie lorsqu'ils découvrent les caisses remplies de sucre, de peaux et de tabac ! Mais ce n'est rien à côté des glapissements poussés quand un autre coffre fait apparaître des pièces d'or par milliers et des bijoux de grand prix !
– Vive le capitaine ! Vive Roberts ! acclament ses hommes, subjugués par l'efficacité de leur chef.
Mais la filouterie de son second est encore plus grande. Alors que le capitaine, dans le feu de l'action, se met à poursuivre un autre navire du convoi, Walter Kennedy, aux commandes du *Rover*, s'enfuit avec le trésor et les marchandises !
Peu importe, le chef en a vu d'autres et il n'a aucune illusion sur les risques du métier ! Sur sa lancée, le long de la côte de Guyane, il capture un sloop* qu'il nomme *Fortune*, pille quatre autres bateaux et doit s'enfuir pour échapper à un navire anglais lancé à sa poursuite.

* UN SLOOP : petit navire à un mât

Le forban sévit pendant plus de deux ans, sans qu'on puisse mettre la main dessus ni même l'approcher !
Où se trouve-t-il ? Entre les côtes du Brésil et du Canada,

entre la mer des Caraïbes et l'Afrique où il se déplace sans cesse. Résultat : Roberts n'est jamais là où on le cherche ! Pourtant, quand il entre dans les ports, on le voit arriver de loin et il force le respect : tambour battant, fanfare de trompettes et pavillon noir déployé. L'homme a un style bien à lui et forge déjà sa légende. Ne dit-on pas qu'il lui arrive souvent de prier à bord, de rendre leurs navires aux capitaines après les avoir pillés ? Inflexible sur la boisson, il ne boit que du thé pour donner l'exemple. Et il interdit le jeu sur ses vaisseaux.

En juin 1720, on le repère dans les zones de pêche du large du Canada. Quel saccage ! Vingt-six sloops et cent cinquante bateaux de pêche volés, des tas d'entrepôts détruits, et pas la moindre trace du pirate ! Le bougre a déjà mis le cap sur l'Afrique. Puis le revoilà aux Caraïbes… Son palmarès est impressionnant, surtout depuis qu'au *Fortune* est ajouté un vaisseau de dix-huit canons, baptisé le *Good Fortune,* et un autre encore bien plus imposant : un navire de guerre français bardé de cinquante-deux canons. À son bord, le gouverneur de Martinique. Si le navire est gardé et renommé *Royal Fortune*, son passager illustre ne l'est pas ; il est pendu séance tenante.
À la tête d'une petite escadre, Roberts est plus que jamais

invincible. Dès qu'il le peut, il lance ça et là sa petite machine de guerre pour piller, dévaster et saccager.
Le bilan est vertigineux.
En avril 1721, il est signalé du côté de l'Afrique.
Le chef pirate est alors de fort mauvaise humeur car il a été trahi une nouvelle fois par un de ses hommes.
– Et il croit, l'imbécile, qu'il fera mieux que moi ! s'écrie Roberts, qui a du mal à contenir sa rage.
Une fois de plus, sûr de sa bonne étoile, il se jette à corps perdu dans de nouvelles attaques. Il livre des combats féroces, bataille avec une belle énergie et gagne, bien sûr !
Désormais à la tête d'une flotte de quatre beaux bateaux, Roberts fait toujours et partout la loi. Il négocie âprement ses butins contre de l'or, rançonne les navires négriers qui font le trafic des esclaves, force des prisonniers à rejoindre ses équipages qui comptent maintenant plus de quatre cents hommes !
Jusqu'où peut aller un tel filou qui compte à son actif plus de quatre cents prises ? Jusqu'à rencontrer plus fort que lui…
Début 1722. Voilà maintenant des semaines que deux navires de guerre envoyés par la couronne britannique se sont lancés à sa poursuite. Le 5 février, l'un d'eux, le *Swallow*, dirigé par le capitaine Challoner Ogle, tombe nez à nez avec lui, près du cap Lopez, au Gabon.

L'Anglais commence d'abord par prendre en chasse le *Great Ranger*, un des bâtiments de Roberts, qui se fait capturer. Puis il se dirige vers le *Royal Fortune*, qui n'a pas eu le temps de fuir.

À travers sa longue vue, Ogle observe Roberts qu'il a juré de prendre vivant. Comme à son habitude, il a fière allure avec sa veste bien ajustée et son chapeau sur lequel flotte une plume d'autruche ! Majestueux à la barre, il sait que la partie risque d'être difficile. À ses pieds, sur le pont, sont affalés ses hommes ivres morts, incapables de se battre. Un comble pour un capitaine à la sobriété légendaire ! Quand le *Swallow* arrive à portée de canon, il tire une salve. Le *Royal Fortune* réplique et s'écarte. Mais, dérivant sous la poussée du vent, il revient malgré lui une deuxième fois sous le feu du *Swallow*. La mitraille atteint alors Roberts à la gorge. Il s'écroule, mort. Conformément à son désir, il est peu après jeté à la mer par ses hommes, soudain dégrisés. Le Roi Soleil de la piraterie aux belles manières quitte la vie comme il a combattu : avec panache.

Et vogue le navire pirate !

Pas de pirate sans navire ! C'est l'outil indispensable sans lequel nul abordage, nulle attaque d'une cité de l'or ne sont possibles. Comment faire quand on est à terre, prêt à prendre la mer mais sans moyen de naviguer ? Ruser et faire preuve de patience !

Dans les ports ou le long des côtes contrôlées par les Espagnols, rien de plus facile que de s'emparer, la nuit, d'un canot ordinaire où les coquins par petites bandes de cinq à dix personnes, s'entassent, armés chacun d'un fusil, de poudre, de balles, de pistolets et d'un coutelas. Et le premier navire croisé sera bon à conquérir, à condition qu'il ne soit pas trop gros et lent à la manœuvre ! S'il est trop lourd et s'il a du mal à fendre la mer, il sera échangé contre un autre, et ainsi de suite jusqu'à avoir mis la main sur le bateau idéal : rapide, serrant le vent, facile à manœuvrer... Sans oublier la robustesse et une taille suffisamment grande pour embarquer un équipage de quelques dizaines d'hommes et les butins pris à l'ennemi.

Selon les zones de navigation où ils rodent, les pirates ne choisissent pas les mêmes navires.

Ce navire volé dans un port par des pirates contient encore une partie de sa cargaison ainsi que des vivres conservés dans des tonneaux. Trop lourd à manœuvrer, il servira de monnaie d'échange.

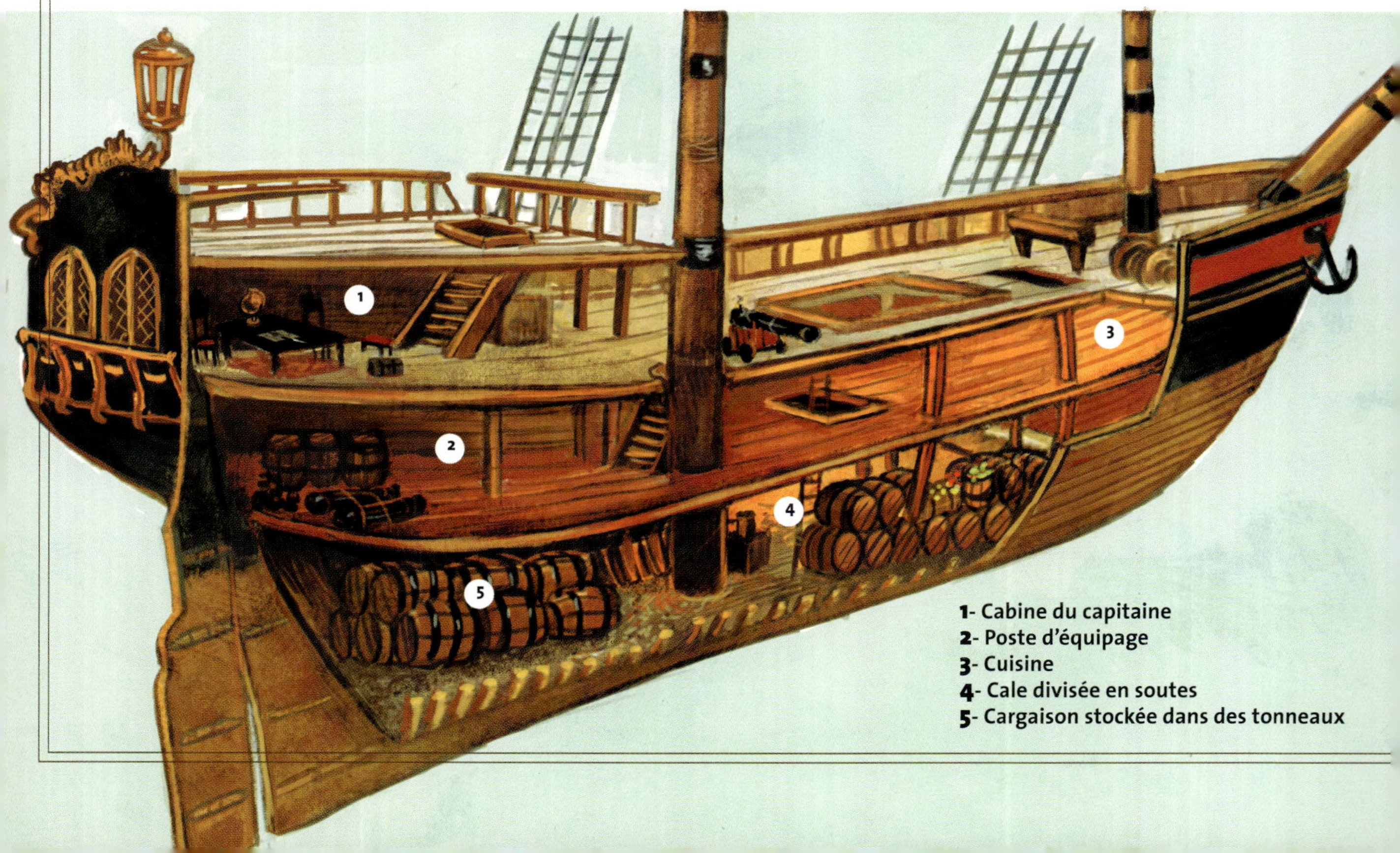

1- Cabine du capitaine
2- Poste d'équipage
3- Cuisine
4- Cale divisée en soutes
5- Cargaison stockée dans des tonneaux

Dès qu'une proie est repérée, toute la voile du navire est hissée pour s'en approcher au plus près. Il faut alors très vite se placer à moins de 200 mètres pour être hors de portée de ses canons. C'est à cet instant que le bateau pirate se révèle.

Dans les airs, s'élève alors **le funèbre pavillon** noir ou rouge, le fameux **Jolly Roger** dont le nom provient probablement d'une déformation anglaise de « Joli Rouge ». Sur celui-ci, des symboles, souvent différents, sont représentés. Une tête de mort accompagnés de tibias, ou bien des boulets de canon enflammés, des sabliers, des bras armés de sabres, des cœurs ensanglantés ou encore des squelettes entiers. Les pirates les plus redoutables comme John Rackham, Edward England, Barbe-Noire ou Edward Low se payent le luxe d'arborer leur propre bannière reconnaissable entre toutes. Bartholomew Roberts en a deux. Un premier le montrant debout sur deux crânes, représentant chacun un habitant de la Barbade et de la Martinique, deux îles où on tente de le capturer. Le second où il est figuré en train de trinquer avec un squelette.

UNE FRÉGATE

Dans les eaux côtières de la mer des Caraïbes truffées de récifs coralliens, **les sloops et les brigantins** aux voiles en forme de trapèze et de triangle sont très recherchés. Légers, la coque peu profonde, ils font merveille lorsqu'il s'agit d'approcher les lourds vaisseaux de commerce aux cales bourrées de marchandises. Avec leurs rames, les brigantins sont les seuls à pouvoir remonter les rivières et à se dégager rapidement dans les combats.

En haute mer, **les petites frégates** aux nombreuses voiles carrées sont les plus appréciées. Elles prennent bien le vent et sont capables de filer vite sur les longues houles de l'Atlantique. Par gros temps, la voilure réduite, elles tiennent aussi bien que les galions espagnols !

LES PAVILLONS ont pour but d'inspirer la terreur et de forcer les victimes à se livrer avant même le combat.

EDWARD ENGLAND

BARBE-NOIRE

BARTHOLOMEW ROBERTS

Charlotte de Berry
CAPITAINE ENRAGÉ

Quelle mouche a donc piqué cette jeune Anglaise qui ne cherche qu'à se rebeller, qu'à tourner le dos à l'éducation stricte qu'elle a reçue ? Charlotte de Berry ne rêve que d'une chose : de la mer, de ses terribles tempêtes et de grandioses batailles navales comme on en raconte dans les livres. Et ce quelle aime par-dessus tout, c'est traîner la nuit, déguisée en homme, sur les quais sinistres des docks de Londres, frayer avec la racaille qui va de beuveries en bagarres. Parce qu'ainsi elle se sent libre !

Lors de l'une de ses équipées nocturnes, vers 1650, elle rencontre Jack, un marin de la Royal Navy. Séduite au plus haut point par sa stature virile, elle lui révèle sa vraie identité. C'est le coup de foudre ! Quand Jack, peu après, est obligé de reprendre la mer, elle le supplie de l'accompagner. Comment pourrait-il en être autrement puisqu'elle est à présent son épouse ?

Présentée au capitaine comme Dick, le frère de Jack, Charlotte déploie à bord une belle énergie. Avec quelle fureur elle se jette dans le combat contre l'ennemi ! Le second, le lieutenant House, intrigué par le personnage, finit par découvrir le secret et jure qu'il mettra tout en œuvre pour que cette guerrière intrépide soit un jour à lui. Pour éliminer l'encombrant mari, il a son plan : lui confier des tâches dangereuses, lui ordonner de mener des offensives au plus fort des affrontements, le nommer maître canonnier. Rien n'y fait. Jack assume tout avec brio, et Charlotte brûle encore plus d'amour pour lui.

House ne désespère pas. Il change son plan et joue son va-tout en accusant Jack de mutinerie.

Un procès a lieu. Le second, dont la parole a plus de poids que celle du simple marin, l'emporte, et Jack est condamné à être fouetté par toute la flotte. Douze coups de chat* à neuf queues donnés par chacun des membres d'équipage des trois vaisseaux de l'escadre, soit des milliers de coups de fouet auxquels il ne survivra pas !

Mais House n'est pas du goût de Charlotte, qui pleure son bien-aimé. Lorsqu'il cherche à lui avouer sa flamme, elle lui plante son poignard dans le ventre et s'enfuit du bateau qui mouille dans un port anglais.

* UN CHAT : fouet composé de neuf lanières de cuir.

Comment arrive-t-elle alors à embrasser la carrière de pirate ? À la suite d'autres aventures tout aussi rocambolesques. Quelques mois plus tard, on la retrouve sur le *Normandy*, navire de commerce en partance pour l'Afrique, commandé par un certain Wilmington. Or c'est l'homme qui a enlevé Charlotte alors qu'elle était danseuse de cabaret à Londres. Il tente de la forcer à l'épouser. C'en est trop ! De concert avec l'équipage, elle prend la tête d'une mutinerie où Wilmington est tué. Désormais hors-la-loi et sachant qu'elle risque la pendaison pour son acte de trahison, qu'a-t-elle à perdre ?
À la barre du vaisseau rebaptisé le *Trader*, elle n'a peur de rien. Son navire écume la Méditerranée et l'Atlantique, de l'Angleterre à l'Espagne. Et on la retrouve, ici ou là, arraisonnant sans états d'âme les galions chargés d'or et d'épices. Habillée en homme, elle jure avec la plus grande grossièreté et se fait appeler capitaine Rudolph. Elle adopte même les manières les plus cruelles des pirates de la pire espèce. Ne raconte-t-on pas qu'un jour elle aurait, de rage, cousu la bouche d'un de ses prisonniers ?

C'est finalement la mer et ses colères qui auront raison de sa hargne, de sa fureur et de sa férocité. Au large de l'Espagne, Charlotte file alors le parfait amour avec José Sandano, un riche planteur, rencontré au cours d'une

escale à Grenade. Amoureux, il l'épouse, lui donne toute sa fortune et la rejoint sur son navire.
Mais la mer se creuse, une tempête se lève, si effroyable qu'elle fait sombrer le *Trader*. Seuls huit survivants, dont Charlotte et José, arrivent à s'agripper à un radeau de fortune. Mais la faim, la soif et l'errance, au gré des courants, les acculent à une sinistre décision : tirer au sort celui qui devra en premier être tué et mangé par ses compagnons. Le destin malheureux s'abat sur José, désigné pour être sacrifié sous les yeux de Charlotte.
C'est seulement quelques jours après cette tragédie qu'un navire marchand croise la route des survivants à la dérive. Ceux-ci, exsangues, à bout de forces, sont

repérés et sauvés. Pour paraître aussi honorables que possible, ils prétendent avoir été victimes du naufrage d'un vaisseau de commerce cinglant vers l'Afrique. On les croit et on s'apitoie sur eux, jusqu'au moment où le navire est dangereusement approché par un bateau suspect… remplis de pirates !
L'occasion est trop belle pour Charlotte, qui peut une nouvelle fois montrer de quel bois elle se chauffe ! En capitaine pirate, elle croise le fer avec une force décuplée, jongle avec haches et poignards, pousse des cris stridents, se pend aux vergues… et réussit à repousser l'ennemi ! L'équipage, ahuri, n'a pas le temps de poser de questions ni même de porter l'héroïne en triomphe. Celle-ci, en criant « José », choisit de se jeter par-dessus bord et de se laisser engloutir par les flots.

Mers dangereuses et imprévisibles

Même si ses vents sont bien réguliers, si ses longues houles portent bien les bateaux, l'océan Atlantique est le siège de tempêtes terribles qui n'épargnent personne, pas même les pirates !

Les tempêtes sont redoutables et responsables de multiples dommages. D'abord, elles peuvent provoquer des accidents mortels comme lorsque des marins sont écrasés par les lourds canons qui ont rompu leurs amarres. Les avaries obligent à des réparations de fortune dans l'attente de faire escale : **trou dans la coque, mât brisé, incendie provoqué par les braises du foyer, voiles déchirées.**

LES INSTRUMENTS DE NAVIGATION

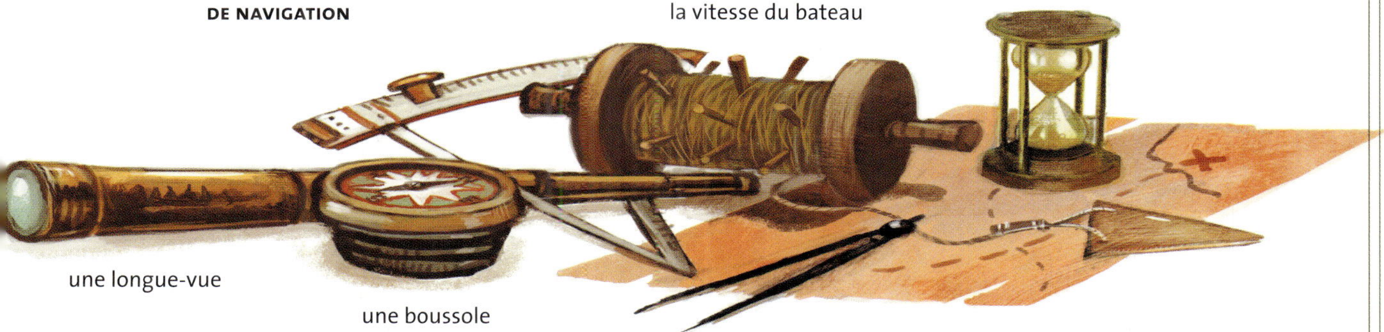

Si la mer est belle et le vent est en poupe, il faut néanmoins rester vigilant. Des courants rapides à l'approche d'un cap, des récifs imprévisibles et des bancs de sable qui se découvrent à marée basse peuvent entraver gravement la navigation.

La mer des Caraïbes est encore plus pernicieuse. En dépit de ses flots de couleur turquoise et de ses milliers d'îlots paradisiaques, elle recèle de multiples pièges dont les marins les plus aguerris ont appris à se méfier. Là, la force conjuguée des **vents forts et des courants** empêchent les lourdes embarcations de rebrousser chemin. **Les ouragans** s'abattent parfois avec une violence inimaginable. Et, à l'approche des côtes, gare aux **récifs de coraux** qui trouent les coques !

Impossible de prévoir tous ces risques à une époque où il n'existe pas d'instruments de navigation précis et fiables, où les cartes marines se contentent de donner une idée de la forme des côtes ! Aucune indication sur les écueils, les bas-fonds, ni même les îles, trop nombreuses dans les Caraïbes pour être répertoriées. Reste alors à se fier à sa bonne étoile et à son expérience de la mer. Les équipages de pirates comptent d'excellents marins. La plupart sont des hommes de mer ayant servi dans la marine de commerce ou la marine de guerre. Malgré tout, rien ne vaut l'aide d'un pilote recruté à prix d'or par les chefs pirates. Ses connaissances des routes maritimes, des circuits empruntés par les bateaux, des abris ou des points d'eau sont si précieuses qu'elles permettent d'assurer le succès d'une opération. Enfin presque...

Barbe-Noire

LE DIABLE EN PERSONNE

« Seigneur, délivrez-nous de ce débauché, de cet escroc, de ce pillard sans foi ni loi ! » Pendant trois ans, entre 1716 et 1718, cette prière résonne dans toutes les églises le long des côtes américaines, tant l'homme est redouté. La carrière du brigand est courte mais elle est aussi fulgurante que l'éclair, car Barbe-Noire, c'est son surnom, ne s'embarrasse pas de bonnes manières. Quand il fait son entrée dans le grand banditisme maritime, il joue plus que les autres la carte de la terreur.

– Sauve qui peut, Edward Teach (c'est son nom) est revenu ! hurlent les habitants des côtes de Virginie, épouvantés à la vue de la sinistre bannière.

De couleur rouge, elle signifie la mort pour tous. Si elle est noire, cela ne vaut guère mieux : le squelette armé d'une épée qui y figure porte le même message !

Ce n'est pas tout. Derrière le drapeau, il y a l'homme… ou plutôt le monstre !

Pour faire trembler l'Amérique entière, il n'a pas lésiné ! Comme la nature l'a doté d'une taille et d'une carrure peu communes, il dégage une impression de puissance presque surnaturelle. À elle seule, elle fait frémir ! Son visage taillé à la serpe, où roulent des yeux terribles, n'est pas plus rassurant. Il disparaît sous une gigantesque barbe noire maculée de graisse qui monte jusqu'au yeux et s'étale jusque sur sa large poitrine. Et pour être encore plus digne de son surnom, l'homme a la coquetterie de la tresser en longues nattes attachées avec des rubans ! Alors que certains chefs pirates ont le souci de se vêtir élégamment en portant des tissus fins et rares, Barbe-Noire cultive une allure hautement négligée. Ses vêtements sombres et déchirés sont tâchés de sang et imprégnés de sueur, de rhum et de poudre à canon... Les jours de combat, pour frapper de stupeur tous ceux qui ont la malchance de l'approcher un peu trop près, il déploie le grand jeu. De son chapeau sortent des mèches de corde auxquelles il met le feu pour surgir dans un nuage de fumée. Seuls sont visibles ses armes : des poignards et un sabre, glissés dans son ceinturon, et six pistolets à silex portés sur une écharpe en bandoulière. D'une voix caverneuse, il pousse des cris de sauvage, rie à gorge déployée et lance des jurons qui font rougir les plus grossiers de ses hommes.

Le diable en personne sorti de l'enfer !

Quel spectacle ! Le diable en personne sorti de l'enfer ! Mortes de peur avant de mourir pour de bon, ses victimes ne sont pas les seules à subir le tortionnaire. Les hommes de son propre équipage aussi ! Barbe-Noire les tient dans un état de soumission totale et ils savent, quand il a trop bu, que ses accès de violence sont imprévisibles. Pour un rien, se dégourdir les doigts ou obtenir le silence, par exemple, il tire dans le tas, à l'aveuglette et déclare après coup : « Si de temps en temps, je ne tuais pas l'un de mes matelots, ils oublieraient qui je suis ! »

Ainsi, avec sa bande fréquemment renouvelée, il sème terreur et désolation. Dès qu'on le sait dans les parages, un vent de panique s'abat sur les équipages des navires de commerce et sur les habitants des ports. Il rôde. On le signale le long des côtes de la Virginie, des Carolines. On le repère du côté des Antilles. Où est-il exactement ?

À bord d'un navire français qu'il a capturé et rebaptisé *Vengeance de la reine Anne*, il opère sur mer, dans les ports et, parfois, pousse ses hommes loin dans les terres. Dès qu'on se lance à sa poursuite – les autorités anglaises qui contrôlent les colonies américaines ont mis sa tête à prix – il demeure introuvable. Envolé ! Volatilisé, le diable !

Pourtant, il procède un peu toujours de la même façon. Comme à Charleston par exemple. Il arrive au port, se positionne dans la passe pour bloquer toute sortie de bateau, rançonne ceux qui osent se frotter à lui et fait prisonniers les membres d'équipage qui lui servent de monnaie d'échange. De là, il lui arrive d'envoyer ses hommes à l'intérieur des terres, dans de grandes plantations de coton, de tabac. Elles sont mises à sac, incendiées sans vergogne, et leurs habitants passés par les armes. Sur mer, il impose le même régime de terreur. Dès qu'un navire à la coque ventrue est repéré, le sinistre drapeau noir du brigand est hissé. Au terme d'une course poursuite – le pirate est un excellent marin, maître dans l'art des manœuvres – survient l'abordage. Au combat, où il apparaît en première ligne, sa fureur se déchaîne. Pour quelques cargaisons de sucre, des barils de poudre et plus rarement de l'or en pièces ou en lingots, il n'hésite pas à massacrer, à mettre le feu au navire et à achever les blessés. À moins qu'il décide de les abandonner dans une chaloupe laissée à la dérive, au gré des flots.

Pendant des mois et des mois, il hante les côtes américaines où il connaît quelques repaires qui lui servent d'escales. À partir de l'île de New Providence aux Bahamas, il intercepte aisément les navires espagnols

bourrés de marchandises faisant route vers l'Espagne.
L'île d'Ocracoke, au large de la Caroline du Nord, presque inaccessible, perdue entre les bancs de sable est son refuge préféré et le théâtre de gigantesques beuveries. Il va d'une île à l'autre avec d'autant plus d'assurance qu'il ne craint pas le gouverneur. Celui-ci reçoit régulièrement des parts de butin, et en échange, il consent à fermer les yeux.

Pourquoi donc annonce-t-il un beau jour de janvier 1718 qu'il abandonne le métier de pirate ?
Sent-il que la chance finira bien par lui jouer de mauvais tours ? Manigance-t-il quelque nouveau coup tordu avec le gouverneur, son complice ?
Difficile à dire. Toujours est-il que lorsque George 1er, le roi d'Angleterre, propose d'accorder son pardon aux pirates qui acceptent de se soumettre, il saisit l'occasion. Même si ses amis écarquillent les yeux, même si ses hommes se demandent s'il n'est pas brusquement devenu fou, il goûte aux plaisirs de la vie sédentaire. À la tête d'une plantation, jetant un œil de temps à autre sur son bateau au mouillage dans le port d'Ocracoke, il mène une vie de rentier aux côtés de sa nouvelle femme.
Celle-ci n'a que seize ans et serait sa quatorzième épouse !
Mais, Barbe-Noire amnistié est loin d'être le citoyen

modèle à la conduite irréprochable. Les festins qu'il donne s'entendent de loin, ses saouleries encore plus et ses coups de force bien davantage.

Car l'homme, après quelques mois de retraite, a repris la mer et ses activités préférées !

– Délivrez-nous, Seigneur de ce coquin que l'on croyait disparu ! supplie-t-on à nouveau dans les églises de la région.

– Nous sommes tellement las d'entendre ses beuveries, ses coups de feu tirés en pleine nuit... » se lamentent ceux qui habitent un peu trop près de chez lui.

Vient alors le moment où les autorités perdent patience. Le gouverneur de Virginie, Alexander Spotswood, excédé par la passivité de son collègue de Caroline du Nord, décide de frapper un grand coup.

À l'automne 1718, il offre une récompense alléchante à celui qui débarrassera les côtes de cette horrible vermine, dans un délai d'un an. Il confie également au lieutenant Robert Maynard la mission risquée de s'en emparer mort ou vif.

– Et qu'on le pende haut et court ! lance-t-il pour faire cesser plaintes et lamentations.

Le 17 novembre 1718, le *Pearl* et le *Lyme*, les deux frégates de la flotte anglaise, cinglent vers Ocracoke, là où est basé Barbe-Noire. Celui-ci est informé

de l'expédition, il laisse néanmoins Maynard arriver tout en se préparant à lui faire bon accueil.
Au lever du jour, le 22 novembre, le lieutenant est prêt à attaquer. À bord de la *Vengeance de la reine Anne*, Barbe-Noire largue les amarres et tente de distancer son adversaire. Malédiction, les deux ennemis, en se poursuivant, s'échouent sur les hauts-fonds !
L'affrontement est inévitable. Quand le pirate fait cracher ses canons et que leurs boulets atteignent le *Lyme*, Maynard garde son sang-froid. Pour délester le *Pearl* et se rapprocher de Barbe-Noire, il fait jeter par-dessus bord quelques canons trop lourds. Hélas, c'est sans compter les nouveaux tirs bien ajustés du pirate !
Ils laissent vingt cadavres sur le pont !
– Si je ne tente pas l'impossible, cette tête brûlée va tous nous faire sauter la cervelle ! murmure le capitaine épouvanté.
Il ordonne à tous ses hommes encore valides de se cacher sous l'entrepont et laisse l'ennemi s'approcher.
Barbe-Noire décide d'en finir en tentant l'abordage.
Au moment où il saute sur le pont du *Pearl*, les hommes de Maynard surgissent, les coutelas au poing, hors de leur cachette.
– Ah ! Ah ! Ah ! Vous ne m'aurez pas, crapules ! hurle le pirate d'une voix tonitruante, titubant d'ivresse.

Le combat est effroyable et le duel qui s'engage entre les deux chefs plus encore. Armés l'un et l'autre de leur sabre, ils s'affrontent dans un furieux corps à corps où aucun coup n'est épargné. Le sang ruisselle de toute part au point de faire rougir la mer à l'entour du vaisseau. Les coutelas s'envolent, les épées font des moulinets et les corps tombent, tailladés de blessures. Brusquement désarmé, Maynard est à la merci de Barbe-Noire. Au moment ultime, un marin anglais vient au secours de son chef et assène au pirate un coup de sabre par derrière. Il en faut plus à cette force de la nature qui continue à brandir sa lame !

Cinq coups de pistolet et une vingtaine de coups de sabre ont finalement raison du géant qui s'écroule à terre, terrassé et vaincu.

Un hurlement terrible monte alors dans la nuit avancée. C'est le dernier de Barbe-Noire : sa tête vient d'être tranchée par Maynard qui a eu le temps d'empoigner à nouveau son arme.

Le vainqueur de Barbe-Noire fait un retour triomphal. Il a suspendu la tête du forban au beaupré de son navire. Sa longue barbe noire flotte silencieusement dans le vent. La légende raconte que le corps sans tête erra longtemps dans les eaux de l'Atlantique avant de s'éloigner. Normal : les diables comme lui ne meurent jamais.

Bien à l'abri dans leurs repaires

Quand on vient de faire les quatre cents coups et que l'équipage entier du navire n'est qu'un ramassis de hors-la-loi, impossible de se risquer dans les grands ports des Antilles, de l'Amérique du Nord ou des côtes africaines !

Les pirates sont toujours à la recherche d'**une île ou d'une côte inaccessible** par les navires de guerre lancés à leur poursuite. Un abri où, entre deux campagnes, ils peuvent **se nourrir de produits frais et se soigner pour reprendre des forces, réparer les bateaux endommagés par les tempêtes ou les combats, négocier la revente des butins et se divertir...** Quel soulagement ressentent-ils après avoir vécu entassés des mois à bord de mauvais bateaux brinquebalants et rafistolés !

À l'époque où la piraterie sévit dans la mer des Caraïbes, c'est sur l'**île de la Jamaïque, une partie de la côte de l'île de Saint-Domingue et la fameuse île de la Tortue** que les aventuriers élisent domicile.

Routes maritimes empruntées par les navires de commerce et par les pirates.

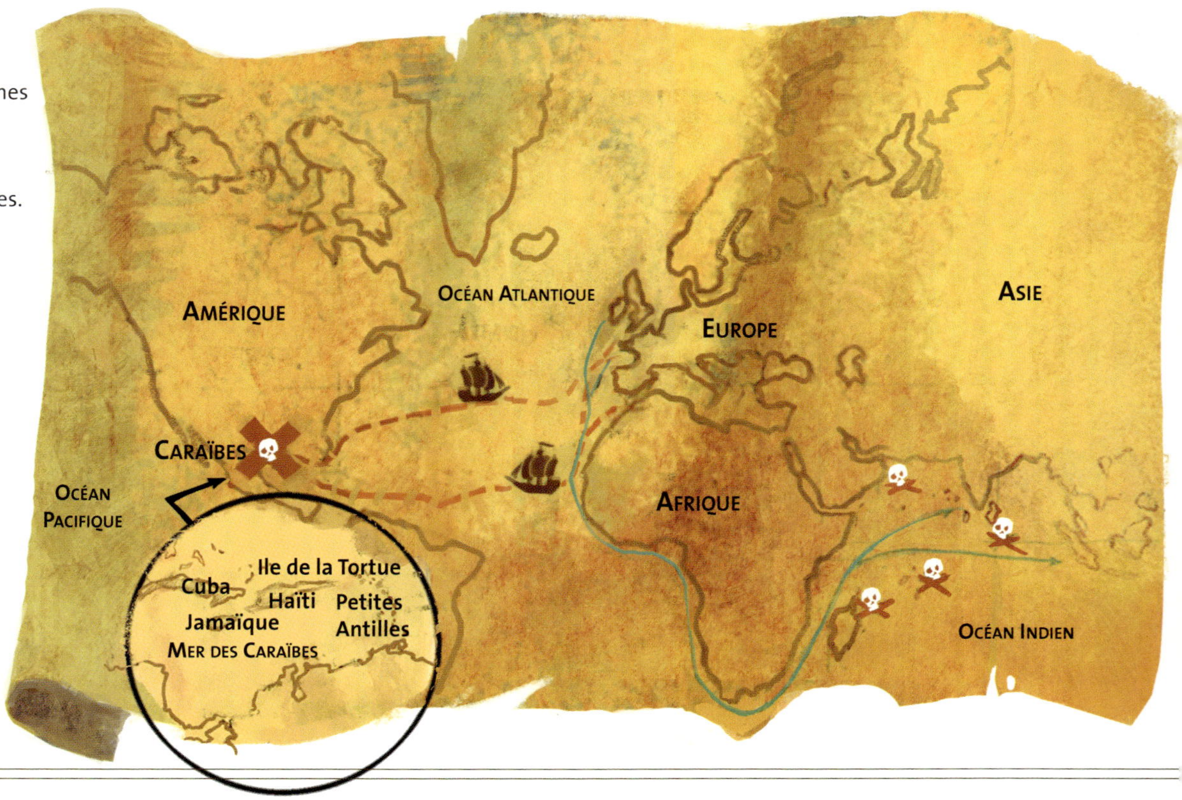

Entre 1630 et 1665, cette dernière, dont les eaux sont infestées de requins, est le lieu de rendez-vous de tous les fripons des Antilles. Petits flibustiers vivant de rapines, bandits des mers prêts à tout, trafiquants de toutes sortes et marchands louches. Situé face aux Bahamas, l'endroit présente un gros avantage puisqu'il est le passage obligé des galions espagnols venant de quitter le port de la Havane. Les forbans sont aux premières loges pour les guetter, les poursuivre, les regarder s'échouer lors des terribles ouragans et fondre alors sur eux.

C'est de préférence la nuit que les pirates accostent pour cacher les butins dans leurs repaires.

De 1670 à 1718, le refuge préféré des pirates devient l'**île de New Providence aux Bahamas.** Au cœur d'un archipel de sept cents îlots, elle est l'endroit idéal pour se cacher, mouiller à l'abri de tous les vents et lancer des expéditions vers les riches côtes américaines. Barbe-Noire la fréquente par intermittence. Pour se faire oublier pendant quelque temps, il se cache sur l'île d'Ocracoke entourée de bancs de sable et particulièrement difficile d'accès. À tort, il s'y croit protégé...

Au XVIIIe siècle, la piraterie délaisse le Nouveau Monde et s'aventure vers les mers du Sud. Elle se développe alors le long des côtes africaines et surtout dans l'océan Indien. **Madagascar, Sainte Marie, Comores, Mascareignes** sont autant de noms qui sonnent bien aux oreilles des forbans qui aiment s'y retrouver. Ces îles sauvages à la nature vierge, presque inhabitées, ressemblent à des paradis. Régulièrement, les marines de guerre anglaise, française et hollandaise s'en approchent pour les nettoyer de leurs hôtes venus de tous les horizons.

John Rackam, Ann Bonny et Mary Read

LE TRIO INFERNAL

John Rackam est un flamboyant pirate, Ann et Mary, des aventurières indomptables. Ils ne se soumettent à aucune loi, sauf la leur. Leur pavillon noir à tête de mort claque au vent avec une belle assurance. Par quel hasard se retrouvent-ils ensemble à marauder sur les flots ? Par un coup du destin qu'Ann et Mary ont dû forcer. Il leur a fallu adopter l'habit masculin des hors-la-loi, boire, jurer, cracher et surtout se battre comme eux… Au XVIIIe siècle, la piraterie est une affaire d'hommes ! John Rackam, plus connu sous le nom de Calico Jack est un sacré filou. Vêtu de vêtements très colorés en calicot, une toile de coton indien, il porte beau. Mais il est aussi perfide, si ce n'est plus, que Charles Vane, son chef, un détrousseur de galions bien connu.

Vers 1718, les deux hommes s'entendent comme des larrons en foire et la chance est de leur côté. Ils pourchassent de modestes embarcations pour tester leurs talents respectifs. Vane étant à la barre, maître dans l'art de la manœuvre et Rackam, quartier-maître chargé de la vie à bord. Puis de plus gros navires croisent leurs routes. Ils les attaquent, passent à l'abordage et amassent des butins qui rendent jaloux tous les pirates à la ronde.... Jusqu'au jour où les compères se brouillent. L'affaire est simple et résolue rapidement.
Pour avoir refusé d'attaquer un navire français, Vane est victime d'une mutinerie. Ses hommes, fous de rage, se soulèvent contre la mollesse de leur chef et le remplacent par Rackam. Est-ce un coup monté par lui ?
Bien possible...Toujours est-il qu'il fait embarquer Vane et les hommes qui lui sont restés fidèles sur une chaloupe, et les abandonne à la mer.
Sans aucun état d'âme. Aussitôt après, le nouveau capitaine fait demi-tour, se lance à la poursuite du navire français, réussit à l'approcher et à le piller !
– Vive Rackam, vive nous ! s'écrient les pirates, époustouflés par un tel renversement de situation.
Le héros du jour sait que la chance ne doit pas être provoquée trop longtemps. En mettant le cap vers New Providence aux Bahamas pour faire relâche, il apprend que le gouverneur

de l'île accorde son pardon à tous les pirates de la région.
Renoncer au métier de pirate ? Pourquoi pas !
Là, dans ce refuge où tous les mauvais garçons, pour la plupart d'anciens pirates, ont l'habitude de se retrouver, ce sont des beuveries sans fin, des parties de carte jusqu'à l'aube et des rencontres avec les femmes faciles.

Une, justement, ne l'est pas du tout…
Il s'agit d'Ann Bonny, l'épouse d'un petit forban vivant de maigres rapines. Elle est belle, intelligente et sa jolie silhouette masque un caractère bien trempé, voire violent.
Ne dit-on pas qu'à son arrivée sur l'île elle a sorti son pistolet et a tiré sur un marin ivre qui l'empêchait de passer ?
Tantôt vêtue en homme, tantôt en femme, elle passe beaucoup de temps à traîner sur les quais, dans les tavernes, jusqu'au jour où elle rencontre le beau John Rackam, lui aussi un peu désœuvré.
C'est le coup de foudre !
Furieux, James Bonny, l'époux d'Ann, court se plaindre auprès du gouverneur de l'île qui la condamne à quelques coups de fouet et l'oblige à rester auprès de son mari !
Voilà une bonne raison de n'en faire qu'à sa tête !
Ann et Rackam réunissent un petit équipage, volent un sloop et prennent la fuite !

Les fuyards ont vite fait de devenir pirates. À bord, habillée en homme sous le nom d'Adam Bonny, Ann ne tarde pas à se faire à sa nouvelle vie.
Elle jure à tout va, adopte les manières des marins les plus rustres et se met toujours en première ligne au moment des abordages. Il faut voir avec quelle hargne et quelle intrépidité elle fonce sur ses ennemis, maniant aussi bien le sabre que la hache ! Calico Jack, le pirate accompli, n'en revient pas !
L'équipage pirate vole de succès en succès. Pendant que les prises s'accumulent et que les butins grossissent, marchands et armateurs sont de plus en plus nombreux à déplorer la perte de navires, de cargaisons et de marins. Les pirates qu'on croyait disparus dans cette région seraient-ils revenus ?
Quelques mois d'accalmie laissent penser le contraire. Et pour cause ! Ann enceinte s'est installée à Cuba chez des amis. Mais peu après la naissance de son enfant, elle l'abandonne sur place pour retourner en mer auprès de son cher et tendre Calico Jack ! Et la chasse aux galions et autres navires de commerce repart de plus belle !
La nouvelle proie, cette fois, est un vaisseau hollandais qui transportent des émigrants vers le Nouveau Monde. La prise est décevante. Peu de pièces d'or dans le coffre, quelques marchandises sans grande valeur.

Il reste l'équipage et ses membres qui peuvent être faits prisonniers… À moins que certains se rallient aux pirates. Sans hésitation, s'avance un bel Anglais aux boucles blondes. Ann le remarque aussitôt.
Même si elle est habillée en homme, elle n'en est pas moins femme et tombe amoureuse de la recrue.
Jack n'est pas long à s'en apercevoir. Rongé par la jalousie, il a des accès de colère. À plusieurs reprises, son sang ne fait qu'un tour et il manque de sauter à la gorge de l'Anglais. Le plus souvent, il boit. Il boit jusqu'à devenir ivre pour ignorer ce qui se trame entre Ann et son amoureux…
Justement, une nuit, alors que John cuve son rhum, Ann s'approche encore plus près de l'être aimé et lui révèle tout en vrac : son amour pour lui et le fait qu'elle soit une femme.
– Chienne aveugle ! siffle l'autre. Moi aussi, je suis une femme et je m'appelle Mary. Mary Read. Et toi ?
– Moi, c'est Ann Bonny !
Ensemble, elles partent dans un immense éclat de rire et découvrent leur poitrine en entrouvrant leurs chemises. Aucun doute. Toutes deux sont bien des femmes !
Jusqu'à l'aube, le dos bien calé par des cordages, elles parlent à n'en plus finir, au comble de l'excitation.
– Je suis née au pays de Galles en Angleterre, commence

Mary, et pendant toute mon enfance ma mère m'a habillée en garçon. Elle ne pouvait pas se consoler, la pauvre, d'avoir perdu un fils ! C'est déguisée en homme que j'ai combattu comme soldat. Mariée, puis veuve, j'ai tenu une auberge aux Pays-Bas, avant de reprendre à nouveau des habits d'homme pour être une nouvelle fois soldat, puis marin sur un navire de la Compagnie des Indes, et pirate à présent. Et toi ?

— C'est aussi une longue histoire, soupire Ann. Par où commencer ?

Les yeux perdus dans la nuit claire, Ann repense à son enfance dans l'immense plantation près de Charleston, en Amérique, et frissonne lorsqu'elle se rappelle ses accès terribles de violence : la servante qu'elle poignarde à l'âge de treize ans et, un peu plus tard, le prétendant qu'elle éconduit en le battant presque à mort. Mais ce n'est pas tout ! L'incendie de la plantation de son père pour se venger de l'avoir déshéritée à la suite de son mariage avec James. Puis sa fuite et son arrivée dans le repaire mal famé de New Providence ...

Au bout de quelques instants, elle cherche le regard de Mary qui s'est endormie....

À partir de cette nuit-là, les deux femmes deviennent les meilleures amies du monde. Même si elles ont juré

John, Ann et Mary

de garder leur secret, elles doivent sauver les apparences en s'habillant en homme, et mettre Calico Jack dans la confidence.

– Une à bord, passe encore… Mais deux ! dit-il perplexe, en se grattant la tête.

En tant que chef pirate, il a bien tort de s'inquiéter ! Luttant côte à côte, elles démontrent à chaque combat une témérité et une intrépidité incroyables. Elles hurlent, plantent avec rage leurs haches dans la coque des navires ennemis pour l'escaler, se pendent aux vergues et se précipitent les premières pour ferrailler. Quel duo !

En 1721, ordre est donné par le gouverneur de New Providence de traquer la bande infernale. Le long des côtes et dans l'archipel des Bahamas, tout le monde crie haut et fort son exaspération. Il faut en finir au plus vite ! Le capitaine Barnett n'y va pas par quatre chemins. Il fonce droit sur le bateau pirate et l'arraisonne. Calico Jack, ivre mort une fois de plus, est incapable d'opposer la moindre résistance.

Il bafouille et titube, au milieu de ses marins qui fuient pour se réfugier dans les cales.

Sur le pont restent les deux guerrières, Ann et Mary, pestant devant la lâcheté des hommes. Avec l'énergie du désespoir, elles luttent comme des furies…

Mais vaincues par un combat trop inégal, elles doivent se rendre, la mort dans l'âme, ainsi que tout l'équipage.
Calico Jack est le premier à être pendu.
Le jour de l'exécution, avant de mourir, il demande à revoir Ann. Au lieu d'un adieu plein de larmes, elle éructe et lui dit pour toute consolation :
– Je suis bien fâchée de te voir en cet état.
Puis, les yeux roulant de colère, elle lui lance :
– Si tu avais combattu comme un homme, tu n'aurais pas à mourir comme un chien ! »
Quand vient le tour d'Ann et de Mary d'être jugées et condamnées, la surprise est totale parmi les juges et la foule remplissant la salle d'audience.
– Votre Honneur ! disent-elles d'une voix forte.
Nous sommes toutes deux des femmes et nous sommes enceintes !
L'agitation de la cour retombée, elles sont renvoyées dans leur cellule et le procès est ajourné... Impossible de condamner à mort des femmes dans cet état !
Mary Read meurt en prison à la suite de fortes fièvres quelques mois plus tard.
En revanche, on ignore ce qu'il advint d'Ann Bonny.
C'est là que la légende commence...
Pour les uns, son père aurait payé une rançon pour la faire libérer et elle serait morte vers 1780.

Pour les autres, elle serait retournée auprès de son premier époux, James Bonny. Pour d'autres encore, elle serait retournée à la piraterie sous un autre nom, pas n'importe lequel, celui de Bartholomew Roberts ! Qui croire ?

Y a-t-il un uniforme pirate ?

Bien sûr que non ! Chaque pirate s'habille à sa guise, liberté oblige. Mais comme tous adoptent des vêtements solides et pratiques, ils finissent par avoir un peu la même silhouette.
À part certaines grandes figures qui soignent leur tenue comme Bartholomew Roberts ou John Rackam, ou qui cultivent une allure négligée à l'exemple de l'horrible Barbe-Noire...

Le couvre-chef protège des éclats de bois qui peuvent être très meurtriers quand les canons entrent en action au moment de l'attaque.

Dans les plis de la ceinture, il est possible d'y glisser quelques armes : des poignards ou des pistolets.

Les accessoires sont choisis avec soin et chacun d'entre eux a son utilité. Affichés avec une certaine coquetterie : un foulard entortillé autour de la tête, un petit fichu ou une cravate passée autour du cou et une large ceinture de toile souvent rouge marquant la taille.

Comme tous les gens de mer, les pirates portent **des habits amples et résistants** capables de supporter les ardeurs du soleil, les embruns et les travaux de force qu'ils doivent effectuer à bord. Une chemise en toile, une veste sur laquelle on passe un baudrier – sorte de ceinture en cuir mise en bandouillère – servant à ranger le sabre et un pantalon large fermé par des boutons d'os, des souliers à boucle ou des bottes... Jusque ici rien de bien original...

Les uniformes, ou autres vêtements volés, permettent aux pirates de se déguiser. Pour tromper ceux qu'ils vont bientôt attaquer, ils revêtent des tenues de soldats ou de femmes. Et, au moment ultime de l'abordage, ils se démasquent. Quelle panique chez ceux qui se rendent compte qu'ils ont été trompés !

Plus que tout, **les chefs pirates** aiment endosser les tenues des officiers espagnols qu'ils ont capturés.
Il faut les voir sur les ponts de leurs navires arborant fièrement la veste sombre à boutons dorés, le chapeau de feutre sur la tête !

Sur les flots de l'Océan Indien

John Avery
LE ROI DES PIRATES

Roi des pirates, c'est un des surnoms dont on l'affuble. On l'appelle aussi Long Ben (ou Grande Cloche), alors qu'il est trapu et court sur pattes !

Étrange destinée que celle de cet Anglais devenu pirate un peu par accident et personnage de légende sans l'avoir vraiment cherché.

John Avery est un marin aguerri. Il connaît bien la mer. En tant que second, il sillonne les océans, par tous les temps et sous toutes les latitudes, pour mener à destination les navires de commerce lourdement chargés. En 1695, c'est à bord du bateau corsaire *Charles II* qu'il se trouve. Est-il vraiment à sa place sur ce vaisseau ? C'est la question qu'il se pose en regardant son commandant anglais, le vieux Gibson, ivre presque chaque jour. En entendant aussi les reproches des marins contre leur chef. Celui-ci pourra-t-il dans son état mener à bien la mission qu'il a reçue des Espagnols : faire

la chasse aux pirates dans la mer des Caraïbes ?
Rien n'est moins sûr !
Tout va très vite. Alors que le *Charles II*, le vent en poupe, trace bien sa route, la révolte éclate. L'équipage est unanime. Il faut jeter ce vaurien de Gibson par-dessus bord et le remplacer par John Avery. C'est lui le plus compétent. Il les fera courir vers la fortune, c'est certain ! En avant la liberté !
John Avery hésite un peu. Être corsaire ou pirate, la différence est mince, mais l'affaire est risquée… Raison de plus pour la tenter ! Pour montrer à ses hommes qu'il accepte, il empoigne la barre et lance des ordres en tonnant.
– Vive Long Ben ! Que Gibson aille au diable ! Pour notre nouveau capitaine, hip, hip, hip, hourra ! acclament aussitôt les marins, étonnés par leur propre hardiesse.
De l'audace, Long Ben n'en manque pas non plus. Il rebaptise le bateau *Fancy*, change complètement de cap pour se diriger vers le sud de l'Afrique. À lui maintenant l'aventure !
Après le cap de Bonne-Espérance, il file droit sur Madagascar, le nouveau point de rendez-vous de toutes les canailles de la Terre. Là, il fait affaire avec une poignée d'entre elles. Il réunit une petite flotte de quelques

bateaux, fait hisser en haut de leurs mâts le pavillon noir et cingle en direction du nord, vers les côtes d'Arabie. Là, en plein cœur de l'océan Indien, il rôde, se tient en embuscade, prêt à se jeter sur le premier vaisseau. Ne dit-on pas que les plus gros navires chargés d'épices, de soieries, de vaisselle précieuse croisent dans les parages, de retour du lointain Orient* ?

Hélas, les bateaux se font rares et les prises encore plus. Les équipages doutent, deviennent nerveux.

– Des sornettes, je vous dis… On nous a raconté des sornettes ! murmure le charpentier du *Fancy*, toujours prêt à attiser la tension.

– Navire arabe en vue ! hurle soudain l'homme de la vigie du haut de la hune*.

Avery empoigne sa longue-vue, la visse sur son œil. Il retient sa respiration.

– Alors capitaine ? s'impatientent ses hommes qui, clignant des yeux, cherchent le bateau à l'horizon.

– Un gros rafiot assurément portant plus d'une soixantaine de canons…

Puis après un long silence, ajoute :

– Voyons de quoi nous sommes capables !

Le combat est de courte durée. Avery a son plan. Alors que les autres bateaux encerclent la proie, le *Fancy* s'en approche à la bonne distance et lui envoie

* L'ORIENT : pays d'Asie
* UN RAFIOT : un bateau en langage familier

* UNE HUNE : plate-forme située dans les mâts

une bordée de boulets. Vite fait bien fait car le vaisseau se rend aussitôt… À la grande déception des équipages qui s'apprêtaient à se lancer à l'abordage, sabres au poing, coutelas entre les dents et poignards glissés dans les ceintures !

Aucune goutte de sang n'a coulé et, encore plus inouï, la prise se révèle fabuleuse.

Il s'agit du *Gunj-Suwaï*, un bateau du Grand Moghol, le souverain de l'empire de l'Inde. Il transporte sa fille en personne qui se rend avec toute sa suite en pèlerinage à La Mecque en Arabie. Mais aussi des marchandises, d'une valeur colossale. Quelques 200 000 pièces d'or, une selle incrustée de diamants et de rubis, des pièces de tissus, de la porcelaine de Chine : un trésor extraordinaire !

L'or flambe dans les yeux de tous les marins des équipages. Sur les ponts des bateaux, ils dansent déjà et s'enivrent en pensant aux pièces ou aux pierres précieuses qui vont couler entre leurs doigts… C'est mal connaître Avery !

Le brigand prend le soin de transporter le butin sur le *Fancy* et donne rendez-vous, pour le partage, aux autres bateaux d'expédition dans une crique sur la côte de Madagascar. Il ne s'y rendra jamais. Le capitaine et ses hommes leur ont faussé compagnie !

À partir de là, on ne sait, avec certitude, ce qu'il advient du pirate.

Selon certains témoins, on le retrouve vers 1696
aux Antilles où il se défait de son équipage,
puis en Angleterre, à Bristol.
Erreur fatale car sa tête y est mise à prix à la suite
de la prise du bateau du Grand Moghol qui a fait grand
bruit ! Avery doit se cacher et, en même temps, chercher
à écouler sa précieuse marchandise. Il n'y parviendra pas.
Tombé aux mains de commerçants véreux qui
l'escroquent, il tombe dans la misère. Et meurt seul,
ruiné, oublié de tous…
Selon d'autres récits, le destin du chef pirate est tout
autre… Lors de la prise du *Gunj-Suwaï,* notre homme
n'aurait pas été intéressé seulement par la marchandise,
mais aussi par sa passagère illustre, la fille du Grand
Moghol… Bien à son goût, il l'aurait enlevée, épousée
et emmenée sur un îlot proche de Madagascar.
Là, devenu roi, la vie d'Avery se serait écoulée doucement
auprès de sa bien-aimée, à la peau couleur cannelle.
Et bien sûr, ils auraient eu beaucoup d'enfants !
Ce qui ne l'aurait pas empêché, raconte-t-on encore,
de traquer les navires faisant route dans le secteur,
au point de menacer gravement le commerce avec
les Indes ! Légende ou réalité ? Que croire ?

Quand les mutineries couvent à bord

C'est à la suite de révoltes éclatant en pleine mer que des équipages entiers tombent dans la piraterie.

Sur les vaisseaux de guerre ou les navires de commerce, **la vie quotidienne des marins est rude**. Pour des salaires misérables, ils endurent les pires conditions : une nourriture infecte et avariée au bout de quelques semaines, une absence totale de confort. Et surtout, une **discipline** féroce, une suite continue de **mauvais traitements**, de coups, de vexations et de corvées abusives. Le capitaine, seul maître à bord, y exerce un pouvoir sans limites, et les officiers n'ont que mépris envers les matelots. Ce qui a pour effet de développer entre ces derniers une solidarité à toute épreuve.

FOUET

La vie à bord devient encore plus insupportable lorsque s'ajoutent le manque de vivres ou d'eau douce, les longues périodes d'immobilisation dues aux calmes plats, la chaleur intense ou l'humidité excessive. **À la moindre étincelle – un châtiment injuste, par exemple –, la rébellion couve, et une mutinerie se prépare.**

Une forte tête qui a la voix haute et de l'ascendant sur ses compagnons dirige le soulèvement. C'est lui le nouveau capitaine. L'ancien est déposé, ligoté, emprisonné dans la cale jusqu'à la prochaine escale. Dans bien des cas, c'est une solution plus radicale qui est choisie : il est jeté à la mer ou abandonné sur une barque. Par cet acte, les marins basculent dans l'illégalité, et deviennent alors pirates.

Aux XVIIe et XVIIIe siècles, les cas de mutineries augmentent et sur les mers, on signale des vaisseaux errants, manœuvrés par des équipages fraîchement mutinés.

Au bout d'un moment, s'ils veulent survivre, ils n'ont guère le choix : **se rendre**, et risquer la condamnation à mort **ou bien se faire pirate** et hisser le drapeau noir !

Mais les pirates eux-mêmes ne sont pas pour autant à l'abri de ce type de révolte ! Quand l'autorité du capitaine est contestée, s'il déplaît pour une raison quelconque, ou, beaucoup plus grave, s'il n'a pas respecté les règles, **la mutinerie** éclate. Elle est le **point de départ presque obligé de la carrière des plus belles crapules** : Charlotte de Berry, Rackam, Avery et de bien d'autres encore !

Edward England

LE PIRATE PAS COMME LES AUTRES

Il y a des jours où Edward gronde contre lui-même et se demande vraiment ce qu'il fait là. Que diable est-il allé faire dans cette galère ? À vrai dire, il ne l'a pas tout à fait choisi. Alors qu'il navigue bien tranquillement sur un sloop en provenance de la Jamaïque, bercé par les alizés, il se fait prendre par une poignée de forbans bien aguerris. Ceux-ci n'y vont pas par quatre chemins : se rallier à eux ou être basculé par-dessus bord.

Pour embrasser la carrière de pirate, ce marin honnête à la vie sans histoires doit se faire violence en permanence. Lui, si timide, doté d'une grande douceur de caractère, fuyant la brutalité et encore plus la férocité, il est tel un agneau égaré dans un monde de brutes ! Et pourtant, inconscient ou trop naïf, sur l'île de New Providence, aux Bahamas, il se joint à la bande d'un pirate de petite envergure : Christopher Winter.

Contre toute attente, ce pirate, qui a de longues années

de rapines derrière lui, fait volte-face en débarquant sur l'île. Winter accepte la proposition du gouverneur qui demande aux pirates la soumission. Et, en quelques jours, il met fin à sa modeste carrière. À la différence d'Edward, en désaccord total avec son commandant.

Quelle mouche a donc piqué ce pirate au grand cœur, si mal à l'aise au milieu des hors-la-loi ? Nul ne le sait. Toujours est-il que cela lui donne des ailes. Et on le voit prendre le large, dans les eaux de l'immense océan Atlantique. Pour aller où ? Il rôde le long des côtes de l'Afrique, maraude aux abords des Açores, passage obligé des galions espagnols en route vers Cadix.

Devenu pirate par hasard, Edward England est à présent un brigand des mers, aguerri, qu'il est plus prudent d'éviter.

À bord d'un navire, une de ses prises, qu'il a baptisé *The Pearl*, on le signale vers 1710 en de multiples endroits : des îles du Cap-Vert, aux côtes du Brésil, puis à nouveau au large de l'Afrique,

de la Gambie au Ghana. Et, dans les ports, ce ne sont que lamentations tant la liste des navires capturés est longue ! Vers 1720, il fait voile vers la côte de Malabar en Inde, jalonnée de comptoirs anglais et hollandais.
Bricks remplis de girofle et de cannelle ou flûtes pleines de ballots de soie, tout est bon à prendre !
À Madagascar, l'escale est salutaire. Dans cette île qui ressemble à un paradis, l'équipage reprend des forces.
Il se gave de fruits sucrés des tropiques. Et il se régale aussi de viande grillée. Quelle bonne odeur ! Quel délice !
Mais il faut repartir ! C'est le capitaine qui l'exige.
Depuis qu'il accumule les prises, Edward suscite une grande admiration chez ses marins. Force est de reconnaître qu'il n'est pas un chef comme les autres.
Il n'élève jamais la voix, ne dit jamais de jurons et déteste qu'on inflige de mauvais traitements aux prisonniers.
Mais, au combat, il faut le voir, toujours en première ligne, en train de faire tournoyer son épée !
Au large des Comores, en août 1720, la partie qui s'engage est serrée. Dans une grande bataille navale, il s'oppose à un bateau anglais, le *Cassandra*. La lutte est acharnée et meurtrière. Des tirs de canon embrasent la mer et font des dizaines de morts. Mais finalement, c'est l'attaquant, l'Anglais James Macrae, qui est vaincu, obligé de se rendre. Pour faciliter la fuite de ses marins,

Edward fait échouer le *Cassandra* sur une île, la mort dans l'âme, puisqu'il contient une cargaison d'une valeur de 75 000 livres…
Dix jours plus tard, alors que les pirates se remettent d'une longue suite de beuveries, ils voient surgir, sur une île proche, une bande errante : l'équipage du *Cassandra* ! Parmi les hommes vêtus de loques, James Macrae.
Il demande à monter à bord du bateau d'Edward et lui implore sa grâce… Le pirate réfléchit, discute longuement avec l'Anglais. Finalement, sa gentillesse l'emporte. Macrae repart le plus tranquillement du monde et reprend la barre de son navire, le *Cassandra*.
L'équipage pirate est interloqué. Il n'a jamais vu une chose pareille. Edward, le redoutable, aurait-il perdu la raison ? En regardant le *Cassandra* s'éloigner, les marins grognent, jurent. Laisser repartir ainsi un navire ennemi qui a été capable de faire feu, c'est insensé ! Leur colère monte, explose. Ils se mutinent et larguent leur capitaine près de Madagascar. Puis, ils partent vers d'autres aventures sous les ordres du second, John Taylor.
Que devient Edward England ? Pendant quelques années, solitaire et mendiant il parvient à survivre. En partie grâce à la générosité de quelques pirates basés dans la baie de Saint-Augustin. Comme quoi, la bonté peut parfois venir en aide…

Retour sur la terre ferme

Les pirates ne passent pas toute leur vie à bord. Lorsqu'ils sont à terre, une fois les beuveries et les fêtes finies, ils préparent de nouvelles expéditions.

L'entretien du bateau, l'avitaillement en eau fraîche et en provisions prennent beaucoup de temps aux pirates. Une fois par an, ils mettent le navire en carénage : ils le hissent à terre pour le réparer, car les mers chaudes abîment les coques. Les algues, les coquillages et les vers se collent au bois, l'attaquent, ralentissant considérablement l'avancée dans l'eau.

Si l'ennui et le désœuvrement gagnent les pirates, ils peuvent se mêler aux bandes de chasseurs, appelés boucaniers. D'origine européenne, ils vivent en bande et s'enfoncent dans les forêts épaisses des Caraïbes où les bœufs et les cochons sauvages pullulent. Ces aventuriers, à l'apparence d'hommes des bois, courent après le gibier armés de longs fusils et accompagnés de chiens. Ils tannent les peaux. Ils fument ou cuisent la viande, à la manière des Indiens d'Amérique, sur des boucans (terme à l'origine du mot « barbecue ») : des constructions de branches installées au-dessus d'un feu de bois vert.

Ainsi en échange de poudre pour leurs fusils, d'alcool et de vêtements, ils vendent à des contrebandiers leurs cuirs et leurs quartiers de viande fumée. **En cas de besoin, ils prêtent main forte aux attaques lancées contre les cités de l'or.** Celles-ci menées par de grands flibustiers nécessitent de véritables bandes armées composées de plusieurs centaines d'hommes.
Installés surtout à l'île de Saint-Domingue et de la Tortue, ces chasseurs se nomment entre eux **« frères de la côte »**. Une grande solidarité les unit. Elle compense quelque peu la dureté de leur vie.

Capitaine Kidd
CORSAIRE OU PIRATE ?

En ce jour de septembre de l'an 1701, le bois du *Majesty* semble craquer de bonheur. Après des semaines de traversée, il rentre au port de Londres. Son équipage frémit déjà de plaisir à l'idée de poser le pied à terre. Mais à Tilbury Point, à l'embouchure de la Tamise, un spectacle sinistre glace le sang de tous les marins. Là, au bout d'un gibet, se balance au gré du vent du large, un corps enduit de goudron, encerclé dans une cage de fer. Beaucoup détournent la tête. D'autres s'avancent vers le pilote de port qui vient de monter à bord pour diriger le bateau à travers l'estuaire. Ils l'assaillent de questions.

La gorge serrée, l'homme répond après un long silence :

– C'est le capitaine Kidd. Il a été condamné à mort pour meurtre et piraterie. Et, le 23 mai dernier, j'm'en souviens encore, il a été exécuté. Moi, j'en suis sûr qu'il est innocent. Il n'a jamais été pirate. J'peux en parler, car j'ai été sous ses ordres pendant des années…

Quand le *Majesty* est bien amarré le long du quai, le pilote s'apprête à débarquer. Quelques marins l'entourent et le pressent d'en dire plus. Il s'asseoit sur une bite d'amarrage et commence :
– Tout ce que je peux dire, c'est que je l'ai bien connu au temps où il était corsaire à la barre de l'*Aventure* portant trente canons. Et nous, les cent cinquante marins, on avaient intérêt à bien se tenir. Les ordres sifflaient et il fallait filer droit. Mais personne ne pipait. Le capitaine Kidd était droit, juste et un sacré homme de mer avec ça ! On écumait les côtes d'Amérique pour faire la chasse aux vaisseaux français. En toute légalité, puisqu'il avait des lettres de marque signées par sa Majesté, le roi Guillaume III, l'autorisant à pratiquer la course. On fit de belles prises, l'*Hirondelle*, la *Belle Poule*, la *Marie-Anne* : du gibier magnifique… Et puis un jour, Culliford, une forte tête, arriva à soulever une partie de l'équipage… Eh bien, le capitaine refusa de céder et se retrouva dans une barque avec quelques dizaines d'hommes, dont moi, qui lui étaient restés fidèles. On avait l'air fin dans notre chaloupe regardant au loin l'*Aventure* s'éloigner ! Peu après, à la suite de cette histoire, nos routes se sont séparées. J'suis rentré ici, à Londres, et Kidd a continué à écumer les mers du côté de Madagascar. C'est un gars qui me l'a dit et qui m'a

raconté aussi ce qui était arrivé au capitaine…
Le pilote se tait un instant et reprend :
– Vers 1695, comme la guerre entre l'Angleterre et la France était finie, il fut chargé d'une autre mission, un peu plus trouble, qu'il n'aurait jamais dû accepter, enfin, de mon point de vue… Il devait traquer ces coquins de pirates qui pullulaient comme de la vermine, se mettant en travers dès qu'un navire anglais se présentait. Si le capitaine réussissait à en saisir quelques-uns, eh bien, il avait l'autorisation de saisir les butins… d'en prendre une partie pour entretenir les hommes et leur en donner quelques miettes. Et tout ça, bien sûr, avec la bénédiction de sa Majesté le roi ! Kidd se retrouva donc dans l'océan Indien, en embuscade, prêt à sortir les canons dès qu'un drapeau noir claquait au loin. Les mois passèrent, la nourriture devenait infecte, le scorbut* faisait des morts et toujours pas de bateau pirate à l'horizon ! L'équipage commençait à perdre patience, à bouillir. Une tension forte régnait à bord. Un jour d'octobre 1697, ce fut le drame.
Le canonnier, le regard mauvais, s'approcha du capitaine en le menaçant avec un outil en fer. Il le traita de poule mouillée car Kidd, soit disant, avait raté deux fois l'occasion d'attaquer des navires. La colère enflamma le visage de deux hommes. Le ton monta. Kidd, hors

* LE SCORBUT : maladie liée à certaines carences dans l'alimentation.

de lui, saisit un baquet en bois et le lui lança en pleine figure. Le lendemain, le canonnier rendit l'âme.
Dès lors, le capitaine devint comme fou, comme s'il avait perdu la tête. Dès qu'un navire se présentait derrière sa lunette, il le laissait s'approcher… Et hurlait ses ordres : « À la Sainte-Barbe* ! Allumez les boutefeux* ! » Et les canons crachaient leur feu. Il ravagea, pilla des dizaines et des dizaines de bateaux… Une terreur ! Bien pire que les pirates qu'il était censé traquer ! Par un coup de chance, il réussit même à capturer un énorme bateau arménien plein de bijoux et d'étoffes de grand prix… Sa fortune était faite, ses hommes de frottaient les mains, il pouvait rentrer en Amérique où sa femme l'attendait !
À New York, on avait eu vent de ses agissements. Aussitôt débarqué, il fut jeté en prison et, peu après, envoyé à Londres pour être jugé…. Vous connaissez la suite… Pendu comme un vulgaire pirate, pire encore, puisque son corps fut recouvert de goudron, enfermé dans une cage en fer et exposé à la vue de tous pendant des mois ! Pour que tous les marins sachent bien à quoi s'en tenir, si un jour…
Voilà l'histoire du capitaine Kidd, conclut le pilote, les yeux pleins de tristesse… Faut-il vraiment la croire ? En tout cas, si elle est vraie, je lui aurais pardonné.

* SAINTE-BARBE : ainsi est appelé l'endroit sur un bateau où se trouvent les réserves de munitions et de poudre à canon. Celle-ci prend feu à l'aide d'une longue allumette portant le nom de BOUTEFEU*.

Héros malheureux ou pirate de la pire espèce ?
La culpabilité du capitaine Kidd n'a jamais été prouvée.
En 1911, des preuves qui justifient ses multiples attaques de bateaux sont redécouvertes à Londres après avoir été cachées pendant plus de deux siècles. Pourquoi ?
On ne le saura jamais. Toujours est-il que pendant longtemps, sur les grands bateaux à voile, les marins ont entonné une de leur chanson préférée commençant par ces mots :

« J'avais nom Robert Kidd, du temps que j'naviguais,
du temps que j'naviguais
J'avais nom Robert Kidd, du temps que j'naviguais,
J'avais nom Robert Kidd.
J'enfreignais les lois du Seigneur,
Et m'conduisais abominablement au temps que j'naviguais… »

Terribles châtiments

PROCÈS
DE
Captain John Rackam,
PIRATES, Viz.

À la différence des corsaires qui subissent l'emprisonnement en cas de capture, les pirates risquent la pendaison. C'est le châtiment suprême infligé aux bandits des mers pour leurs méfaits.

Dans l'attente de leur jugement souvent très rapide, **ils sont parfois enfermés dans les cales de prisons flottantes.** Ce sont des bateaux de guerre immobilisés dans les ports, abîmés ou trop vieux pour naviguer. La vie y est terrible. Et les prisonniers, habitués à vivre libres sur les mers, supportent difficilement l'obscurité, la chaleur torride ou le froid intense qui y règnent.

Une potence est construite pour chaque exécution. C'est une sorte de cadre en bois où est attachée une corde de chanvre avec un nœud coulant. C'est pour cette raison que l'on surnomme le pirate « gibier de potence ». Une véritable foule se presse pour assister au spectacle macabre qui se tient généralement sur les quais des ports. Jusqu'au dernier moment est attendue la grâce du roi ou du gouverneur. En Angleterre et dans les colonies qui en dépendent, l'habitude est de pendre les condamnés à marée basse pour que leurs corps soient recouverts à marée haute.

Il arrive qu'ils restent exposés pendant des mois à la vue de tous. Dans ces cas là, ils sont enfermés dans des **cages à gibet** : des armatures en fer fabriquées sur mesure par des forgerons qui ont pris le soin de prendre les dimensions des pendus avant leur exécution. Tous redoutent ce supplice de la cage à gibet plus que la pendaison elle-même.

Afin que ce châtiment serve d'exemple et soit vraiment dissuasif auprès des marins tentés par l'aventure de la piraterie, **l'aspect macabre est poussé à l'extrême**. Les corps sont enduits de goudron pour qu'ils se décomposent le plus lentement possible. Ainsi, les familles ne peuvent les emporter pour les enterrer décemment : ultime punition.

En fin de compte, les pirates subissant le supplice de la pendaison sont peu nombreux. Entre les bagarres, les excès d'alcool et les combats, leur vie est semée de tant de dangers mortels !

Les corps ainsi enfermés dans les cages à gibet se balancent dans le vent jusqu'à ce que les chairs soient complètement décomposées. Ce qui peut prendre des années !

Olivier le Vasseur
DIT LA BUSE

La Buse ou le Buzzard, ce sont les deux surnoms donnés à ce pirate peu ordinaire qui, tels les rapaces, fond sur ses proies avec une rapidité foudroyante et une efficacité redoutable. Olivier Le Vasseur n'a peur de rien ! Question piraterie, il est à la bonne école. Dès son plus jeune âge, son père, chef flibustier dans les Caraïbes, lui enseigne tout ce qu'une graine de forban doit savoir : l'art de la navigation d'abord, les ruses d'approche ensuite, et tous les secrets des abordages réussis. L'élève apprend vite et, dès qu'il est en âge de naviguer, il se met à la barre de *La Reine des Indes*, le navire familial immobilisé à Calais. Il met alors le cap vers l'océan Indien. Novice dans le métier, Olivier Le Vasseur doit réussir quelques coups d'éclat pour forger sa réputation. Les parages de l'île de Bourbon (La Réunion actuelle), sillonnés par des navires plein de marchandises, lui en donnent l'occasion. Il se place en embuscade puis, telle une buse, fonce et s'abat sur ses victimes, en un éclair. Il vole d'abordages en pillages et son surnom donne des sueurs froides aux capitaines de vaisseaux de commerce ! Quand il s'associe à l'Anglais Taylor (le pirate qui vient de prendre la place d'Edward England en dirigeant une mutinerie), son audace est décuplée. Et les voilà tous deux, chacun à la barre de son bateau, maraudant à nouveau du côté de Bourbon. Au petit matin du 26 avril 1720, ils entrent en baie de Saint-Denis. Stupéfaction. Un gigantesque vaisseau marchand battant pavillon portugais est au mouillage. Les capitaines pirates ajustent leur longue-vue avec nervosité et observent. Ils identifient un navire amiral de la flotte portant le nom de *La Vierge du Cap* à la coque et aux mâts endommagés. En réparation, il est hors d'état de se défendre puisque ses canons sont déplacés et mis hors service ! Et les hommes ? Ils sont rares sur le pont. Ils sont probablement à terre. Le coup vaut d'être tenté ! C'est ce que disent les regards échangés par les deux complices qui ordonnent aussitôt le branle-bas de combat. Un premier coup de canon résonne dans la rade. Y répond le faible tintement de la cloche du navire attaqué. Et puis, tout va très vite. L'approche de La Buse qui se place à portée de grappins, l'abordage et la prise de possession de *La Vierge du Cap*. Une prise magistrale.

À son bord, des passagers illustres : le comte Ericeira, vice-roi des Indes orientales portugaises, et l'archevêque de Goa. Contre leur libération, La Buse et Taylor ont l'élégance de n'exiger aucune rançon. Pour la bonne raison que le trésor qu'ils viennent de découvrir dans le coffre du navire est d'une valeur inestimable – mille, dix mille fois, un million de fois supérieure à une somme d'argent, même importante !
La Buse, qui a assuré le succès de l'opération grâce à son attaque, fait main basse sur l'essentiel du butin. Il n'a jamais rien vu de si beau ! Des rivières de diamants, des perles fines par milliers, des pierres précieuses entassées dans des cassettes… Longuement, il soupèse les barres d'or et d'argent, admire les meubles en bois ciselé incrusté de nacre, les vases d'église, palpe les tissus chatoyants. Mais il renonce à soulever la crosse d'or de l'archevêque de Goa constellée de rubis : elle pèse une centaine de kilos !
La Vierge du Cap rebaptisée *Le Victorieux* devient le vaisseau du redouté La Buse. Il repart à la recherche de nouvelles proies, mais après un tel coup d'éclat, difficile de se satisfaire de quelques ballots de soie ou de sacs remplis de poivre ou de clous de girofle ! D'autant plus qu'un corsaire à la réputation bien assise écume l'océan Indien et ne leur laisse pas le champ libre.

Il s'agit de René Duguay-Trouin. Un gaillard de cette trempe-là, il vaut mieux l'éviter !
Prudents, les deux compères se séparent. Taylor met le cap vers les Antilles et La Buse vers Madagascar.
Là, dans l'île de Sainte-Marie, il retrouve des compagnons. Ils sont devenus de paisibles citoyens depuis qu'ils ont accepté de renoncer à leur métier et de rendre leurs butins en échange du pardon accordé par le roi de France. Notre homme doit-il faire comme eux ?
Il hésite, tergiverse et fait croire que le trésor qu'il garde précieusement n'est composé que de vases d'église qu'il restitue. Où se trouve l'autre partie ?
Sa situation est en partie régularisée mais elle reste trouble. La Buse le sait fort bien. Il se cache et vit au jour le jour de petits services qu'il rend aux uns et aux autres.
Vers 1729, alors qu'il sert de pilote dans la baie d'Antongil, à Madagascar, il se met à la barre du *Méduse,* un vaisseau de commerce, pour l'aider à entrer dans le port. Le capitaine d'Hermitte, le voyant prendre les commandes, fronce les sourcils, se frappe le front :
– Diable ! La Buse en personne ! C'est lui ! se dit-il, reconnaissant l'ancien pirate qui l'avait un jour attaqué.
Olivier Le Vasseur est rattrapé par son passé. Il est arrêté et, le 7 juillet 1730, il est condamné à mort.
À Saint-Paul de l'île Bourbon, au moment de monter

à l'échafaud, il se tourne vers la foule. La corde au cou, il lance un bout de papier où est inscrit un message à déchiffrer en s'écriant haut et fort :
– Mes trésors, à qui saura comprendre !
Veut-il dire par là qu'il mène à la cachette du butin mirifique ?
La Buse pendu, le mystère du trésor caché, offert aux plus malins, commence. Depuis plus de deux siècles, des passionnés écument l'océan Indien, des îles Seychelles à la pointe de Madagascar, à la recherche d'indices qui les mettront sur la piste du secret. D'autres tentent de traduire le document couvert de signes retrouvé sur l'île de Mahé, aux Seychelles. Et ils se plaisent à rêver à ce fabuleux trésor, estimé par certains à quelques milliards d'euros. Quel filou ce La Buse !
Que n'a-t-il pas imaginé pour entretenir sa célébrité…

Fabuleux trésors

Ah ! les trésors ! Ce mot peuple les rêves de tous les pirates. Il hante leurs nuits et leurs jours car ils sont la promesse d'une richesse assurée ou illimitée.

Avec quelle excitation, les mains tremblantes et les yeux pleins de fièvre, ils se ruent vers eux quand le navire est capturé ! Leurs armes au poing, ils se mettent à leur recherche, torturent les officiers pour qu'ils révèlent leur cachette. Ils se précipitent dans les cales. D'un coup de hache, ils fracassent les tonneaux, percent les sacs de toile avec leurs épées et se ruent dans la cabine du capitaine. C'est là que se trouve en général le coffre contenant les objets les plus précieux. Fixés par le fond, il faut le dévisser et user du pistolet pour faire sauter le mécanisme compliqué des serrures....

Rares sont les bonnes surprises ! **À défaut de trésors, les fripons rançonnent alors les passagers** et leur volent ce qu'ils portent sur eux : bijoux, dagues, bourses pleines de pièces d'or et d'argent, tabatières. Ils font main basse aussi sur l'armoire à médicaments contenant de précieuses poudres, des pommades ou des potions qui aident à soulager fièvres, migraines ou coliques : les maux les plus fréquents à bord.

En bois et en fer, le coffre a un système complexe d'ouverture. La serrure de devant ne permet pas l'ouverture. Une autre serrure est cachée sur le couvercle, elle actionne un mécanisme invisible de l'extérieur.

Par des coups de chance inouïs, Morgan, Barbe-Noire, Avery, Kidd et Le Vasseur, ont saisi des trésors d'une valeur inestimable. Avant de se retirer du métier ou de se faire prendre, ils se sont empressés d'enfouir dans quelque endroit secret (côte est de l'Amérique, îles des Antilles ou de l'océan Indien) leur butin. Pour éviter les vols entre pirates, l'utiliser comme monnaie d'échange pour retrouver la liberté en cas de capture ou s'assurer une vie de bon bourgeois aisé sur le tard. Aujourd'hui encore, les trésors de ces chefs pirates continuent de fasciner.

L'île Oak au Canada fait l'objet de fouilles car une légende tenace veut qu'un magot y soit enterré : celui de Morgan ou de Barbe-Noire. Celui du capitaine Kidd se situerait dans l'île Gardiner ou l'île d'Anguilla le long de la côte est de l'Amérique du Nord. En 1998 est localisée et fouillée l'épave de *La Vengeance de la reine Anne* de Barbe-Noire. Mais point de magot ! La fameuse phrase prononcée par le pirate quelque temps avant sa mort revient en écho : « Seuls le diable et moi savons l'emplacement de mon trésor. Et le diable aura le tout ! »

Mais, les trésors ne sont pas là où on le croit... D'après les historiens, **des richesses fabuleuses se trouvent au fond des mers** où reposent, à la suite de naufrages, des centaines d'épaves de navires de commerce. Les archives les évoquent et les moyens techniques actuels permettent d'en retrouver... Régulièrement, on en localise et on entreprend leur fouille. Dernière découverte datant de 2007, l'extraction de cinq cents mille pièces d'argent et d'or d'un navire du XVIIIe siècle englouti au fond de l'Atlantique. Belle prise !

L'archéologie sous-marine permet d'explorer les zones de naufrage et les lieux de batailles évoquées dans les archives. À son service, des instruments et des outils très perfectionnés.

SOMMAIRE

DANS LA MER DES CARAÏBES

DANS LES EAUX DU VASTE OCÉAN ATLANTIQUE

SUR LES FLOTS DE L' OCÉAN INDIEN

Conception graphique et réalisation Claire Rébillard

Arabia petrea.
Terreste mare.
Arabia sterilis
Barnacais.r.
Abeschi.r.
India maior ethiopi.
preste
mero
et saba
Media
thiopia.
Azama.r.